从资产到资本

国有资本
投资运营公司的
全局思考

骆玲◎著

人民东方出版传媒
People's Oriental Publishing & Media

东方出版社
The Oriental Press

前 言

本书从构思到成书，大约用了两年的时间。这个过程同时也是我对近几年工作的一些复盘和思考，既有经验教训的总结，又有求变图强的思索。

作为一名有 30 年工作经验的国企人，我在中外合资企业、国资管理部门和国资产业集团等机构担任过众多岗位，也算是见证了国企这 30 年波澜壮阔的改革与发展史。能有这样一段历程，对我的人生来说是弥足珍贵的，也是非常幸运的。它的珍贵与幸运，体现在这些经历带给我个人能力和眼界的不断成长，以及推动本地国民经济发展的参与感。对此，我内心一直充满了感恩。

国资在我国经济发展的版图上始终是中流砥柱式的存在，在应对国内外各种挑战中更凸显其定海神针的作用。我多年来一直在思考，国资如何在市场经济中扮演更市场化的角色，发挥更积极和更高效的作用。毋庸讳言，市场化的角色与国资的组织架构、决策机制、风险偏好和考核机制等顶层设计存在着或多或少的错位，这也是从中央到地方的国资监督管理部门一直不懈努力，坚持锐意改革，以便更适应我国经济发展新局面的重要原因。

多年的实践和观察让我深知，在经济全球化与国内经济结构深度调整的大背景下，市场化改革已成为推动国资持续发展、提升竞争力的核心路径。近年来我所经历的各种新业务，从上市公司控股权收购，到产业基金设立及投资，包括以产融结合为手段的招商引资，都体现了国资从资产经营到资本经营这一重要的跨越。这一跨越的核心支撑点就是大胆推进市场化改革，它不仅带来了国资资产规模和质量的提升，而且让我深深体会到在改革与创新的过程中不断解决新问题的迫切性。

我相信，只要坚持初心，永远保持学习与探索的热情，我们总会找到一条让国有资本发挥更积极的市场作用的有效路径。

骆 玲

2025 年 1 月 8 日

目 录

第三部分　资产与资本运营

PART

01

第一部分

理论与政策

第一章

国有资本投资公司改革与发展的理论基础

第一节　国有企业的性质与功能

一、经济属性和经济功能

国有企业作为法人企业，在经济性、营利性和独立性方面扮演着重要角色。它们不仅拥有独立的法人财产权，依法享有对财产的各种权利，而且肩负着经营管理国有资本、实现保值增值的重要职责。

在经济性方面，国有企业本质上属于经济组织，其运营目标之一就是创造市场价值。为了实现这一目标，国有企业必须充分发挥其经济功能，积极参与市场竞争，通过提供优质的产品和服务来满足社会需求。同时，国有企业还需要按照国家要求，上缴国有资本收益，为国家的经济发展做出贡献。

在营利性方面，国有企业不仅追求经济效益，更注重社会效益。它们通过经营管理国有资本，实现资本的保值增值，为国家的经济发展提供稳定的物质基础。同时，国有企业还需要在追求经济效益的过程中，兼顾社会公平和可持续发展，确保经济活动的成果能够惠及广大人民群众。

在独立性方面，国有企业作为依法注册的独立法人实体，享有自主经营、自负盈亏、自担风险的权利。这意味着国有企业可以根据市场情况和自身发展需要,制订灵活的经营策略,并承担相应的风险和责任。这种独立性使得国有企业能够在激烈的市场竞争中保持活力和竞争力。

此外,国有企业的经济功能还体现在多个方面。它们发挥着创新引领作用,在关键核心技术攻关、高端人才引进、科研成果转化应用等方面做出表率,推动国家科技进步和产业升级。同时,国有企业还承担着维护国家经济基本安全和抵御宏观风险的重要职责,通过稳定市场供应、调节经济运行等手段,确保国家经济的平稳健康发展。

二、社会属性和社会功能

国有企业的社会属性既具有一般性,又具有特殊性,这主要体现在其社会性和人民性两个方面。

从社会性角度来看,国有企业作为社会主体,不仅是一个经济组织,更是一个承担社会责任的社会组织。这要求国有企业在追求经济利益的同时,必须将社会价值的实现作为重要目标。国有企业需要积极履行对股东、员工、客户、环境、政府等利益相关方的社会责任,通过诚信经营、资源节约、环境保护、公益事业参与等方式,为社会的和谐稳定发展做出贡献。

从人民性角度来看,国有企业的最终所有权属于全体人民,这是中国特色社会主义制度的本质要求。因此,国有企业履行社会责任不仅是对自身利益的追求,更是对人民利益的维护。国有企业在发展过程中,应始终坚持人民至上的原则,将人民的利益放在首位,通过提供优质的公共服务、加强应急能力保障、发挥引领带动作用等方式,为人民的幸福生活提供有力保障。

此外，国有企业还需要根据自身的功能定位和分类，发挥在保障社会民生和应对重大挑战等方面的特殊作用。例如，在保障就业、脱贫攻坚等方面，国有企业可以发挥引领带动作用，通过创造就业机会、推动产业发展等方式，帮助人民实现共同富裕；在应对重大挑战时，国有企业可以发挥稳定器的作用，通过保障关键物资供应、维护市场秩序等方式，为社会的稳定和发展提供有力支撑。

总之，国有企业的社会属性决定了其在追求经济利益的同时，必须积极履行社会责任，实现社会价值和人民利益的统一。这不仅是国有企业自身发展的需要，也是中国特色社会主义制度对国有企业的基本要求。

第二节　以经济学、金融学和管理学等相关理论 为实践依据

尽管西方发达经济体中没有与我国相同类型的国有资本投资公司，但西方经济学、金融学和管理学中在投资与管理领域的一些相关理论，对我们的国有资本投资公司改革有一定参考价值，主要包括委托代理理论、管控模式理论、投资组合与估值相关理论等。

一、委托代理理论

委托代理理论是西方经济学中关于现代企业理论的重要构成部分，它深刻剖析了企业所有权与经营权分离所带来的委托代理问题。这一理论的核心观点在于，当企业所有者不再同时担任经营者时，需要设计一种机制来确保代理人（经营者）能够按照委托人（所有者）的利益来行动。

委托代理理论的基本框架是：委托人将权力委托给代理人，代

理人则根据委托人的指示来执行任务。代理人通常会根据委托人的需求来提供服务，但也可能会为了自己的利益最大化而采取一些不利于委托人的行动。因此，委托人需要通过一定的激励机制来确保代理人能够为他们提供最好的服务。

委托代理理论主要研究如何设计激励机制，使得代理人能够最大化委托人的利益，同时也能够最大化自己的利益。这通常需要一些复杂的合约设计和激励机制，例如绩效奖金、股票期权等。委托代理理论的核心问题是：如何在委托人和代理人之间分配权力和利益，使得双方都能够获得最大的利益。

为了防止代理人的不当行为，委托人需要付出一定的代理成本。代理成本主要包括三个部分：一是委托人监督成本，即委托人为了激励和监控代理人所付出的成本；二是代理人担保成本，即代理人为了保证自己的行为不损害委托人的利益而付出的成本，以及在损害发生时需要承担的赔偿成本；三是剩余损失，即由于代理人决策与委托人理想决策之间的差异导致的价值损失。

在委托代理关系中，委托人与代理人之间存在信息不对称和利益不一致的问题。信息不对称指的是双方拥有的信息量不同，而利益不一致则意味着代理人可能会追求自身利益最大化，而非委托人利益的最大化。这种差异可能导致代理人的决策与委托人的最佳利益相悖，进而产生代理问题。

代理人的行为选择受到信息不对称的影响。在信息不对称的情况下，代理人可能会利用自己的信息优势，采取一些不利于委托人的行动，如减少努力程度或采取机会主义行为。这种行为被称为道德风险。另外，当代理人拥有私有信息且这些信息无法被委托人验证时，代理人可能会隐瞒或谎报真实情况，以获取自身的经济利益，这种行为被称为逆向选择。

委托代理理论在很多领域，例如公司管理、金融、法律等都有应用。在公司管理中，股东是委托人，而管理层则是代理人。公司管理层需要根据股东的利益来管理公司，但是管理层也可能会为了自己的利益最大化而采取一些不利于股东的行动。因此，公司需要通过一定的激励机制来确保管理层能够为股东提供最好的服务。

在金融领域，委托代理理论研究的是投资者和基金管理人之间的关系。投资者是委托人，而基金管理人则是代理人。基金管理人需要根据投资者的需求来管理基金，但是基金管理人也可能会为了自己的利益最大化而采取一些不利于投资者的行动。因此，投资者需要通过一定的激励机制来确保基金管理人能够为他们提供最好的服务。

在法律领域，委托代理理论研究的是律师和客户之间的关系。客户是委托人，而律师则是代理人。律师需要根据客户的需求来提供法律服务，但是律师也可能会为了自己的利益最大化而采取一些不利于客户的行动。因此，客户需要通过一定的激励机制来确保律师能够为他们提供最好的服务。

总之，委托代理理论研究的是如何在市场经济中通过代理人来实现委托人的利益最大化。它能够帮助企业和组织设计出更加有效的激励机制，从而提高效率和绩效。

二、管控模式理论

管控模式理论起源于弗雷德里克·泰勒（Frederick Taylor）开创的科学管理原理，控制被认为是管理的一项职能。集团管控模式是西方企业管理理论中大型企业集团内部管理的重要内容。管控是管理者影响组织中的其他成员以落实组织战略的过程。集团母公司对子公司的管控主要体现为以委托代理机制为基础的公司治理和行政管理活动。集团管控是代表集团整体利益的集团总部及其授权的管理主体，对集团所属成员企业进行必要的管理和控制影响，以使集团所实现的价值大于成员企业各自独立运营所可能创造的价值总和的行为过程。

管控模式理论认为，任何组织都需要有一个有效的管控系统来确保组织目标的实现和持续改进。这个管控系统应该包括以下几个方面。

（1）目标设定：组织应该明确目标，并将目标传达给所有员工。目标应该是具体、可衡量、可实现、相关性强及时限明确的。

（2）规划：组织应该制订出实现目标的详细计划，并将其分解成可管理的任务和子任务。

（3）组织：组织应该将任务和子任务分配给适当的员工，并确保每个员工都清楚自己的职责和任务。

（4）领导和管理：领导者应该提供必要的指导和支持，以确保员工能够完成任务并实现目标。同时，管理者应该对员工的表现进行监督和评估，并及时给予反馈。

（5）控制：组织应该建立一套有效的控制系统，以确保目标的实现和持续改进。这个控制系统应该包括常规的检查和评估，以及及时的调整和改进。

管控模式理论认为，一个有效的管控系统应该是自我调节的，即能够及时调整和改进，以适应组织内外部环境的变化。同时，组织应该鼓励员工参与目标的制订和计划的制订，以提高员工的参与感和积极性。

管控模式理论在实践中被广泛应用，例如在企业管理和政府管理中。它能够帮助组织建立有效的管控系统，从而提高组织的绩效和效率。

西方管理学对母子公司管控模式（管理风格）的研究有很多论述，具有代表性的有以下几种。

（一）三种基本的集团管控模式

集团管控模式最早是迈克尔·古尔德（Michael Goold）在《公司层面战略》一书提出的，他将集团管控模式分为三种基本类型。一是战略规划型，母公司在制订战略规划和业务经营计划时深度介入子公司的决策，强调长期目标的作用和控制过程的竞争动态；二是财务控制型，母公司将制订战略规划和业务经营计划的权力授予子公司，并对子公司进行注重短期利润目标的控制；三是战略控制型，母公司允许子公司进行部分长期性的自主决策，同时关注短期利润目标，在战略规划型和财务控制型之间寻求管控平衡。后来，罗兰贝格咨询公司在此基础上按照集团总部对子公司管控时的集权与分权的程度，将集团管控模式划分为财务管控型、战略管控型和运营管控型（或操作管控型）。

（二）四种拓展的集团管控模式

埃森哲咨询公司在前人研究的基础上，重点考虑子公司的战略重要性、组织成熟度和子公司业务相关性等因素，进一步将集团管控模式拓展为财务管控型、战略规划型、战略控制型、运营管控型四大类，集团总部在不同的管控模式下扮演不同的角色，即不同的集团定位。

1. 财务管控型

在财务管控型模式中，集团总部扮演了财务投资者的角色，其主要目标是实现投资组合的优化和风险的有效分散。以下是对这种模式的详细解析。

（1）财务投资者角色：集团总部以财务投资者身份出现，其关注点主要在于投资回报和风险控制。这与战略投资者或业务投资者不同，后者可能更关注与集团核心业务的协同或产业链上下游的整合。

（2）投资组合和风险分散：集团总部通过多元化的投资组合来降低整体风险。这种投资组合可能包括不同行业、不同地域、不同发展阶段的企业。

（3）投资运作和资产监管：母公司通过董事会预算委员会和财务绩效考核来实施对投资业务的管控。这意味着母公司会对投资项目的预算、资金使用情况、投资回报等进行严格的监控和评估。

（4）管控目标：母公司确保在收益和风险搭配的投资组合中实现投资回报（财务收益）最大化。这一目标要求母公司在投资决策时充分考虑风险和收益的平衡，以实现长期的财务健康。

（5）外部成长方式偏好：由于母公司以财务投资者的视角审视集团业务，因此它可能更偏好于企业并购和分立等外部成长方式，因为这些方式可以快速增加投资组合的多样性和规模。

（6）下属企业自主权：集团下属企业在业务发展战略、业务竞争策略和经营计划等方面享有较大的自主权。这意味着它们可以根据自己的实际情况和市场环境来制订和执行策略，而不必受到母公司过多的干预。

（7）财务目标考核：集团总部与所投资的企业会就当年的财务目标进行讨论并达成一致。然后，母公司会按季度及年度进行严格的考核，以确保持股企业能够有效地使用其自主权来实现预期的股东投资回报。

这种模式的一个关键优势在于它能够灵活地适应市场变化，通过快速的资本配置和有效的投资组合管理来实现财务目标。然而，它也可能面临一些挑战，如如何确保下属企业的战略方向与集团整体战略保持一致，以及如何有效地监控和管理投资组合中的各个项目等。

2.战略规划型

战略规划型集团总部在实行战略规划型管控的企业集团中，确实扮演着战略投资者的角色，其管理理念和方式具有深远的影响。

（1）战略投资者角色：集团总部作为战略投资者，不仅关注短期财务绩效，更关注长远的业务组合更新和治理经济。它超越了简单的产权关系架构，对整个集团进行战略性引导和监控。

（2）战略性引导和监控：集团总部会从战略高度审视集团业务，根据各业务单元的发展前景进行注资或撤资决策。通过预算系统以及经理人员的任免、薪酬和晋升等机制，集团总部确保各业务板块的责任人承担起对下属业务单元管理的责任。

（3）管控目标：集团管控的主要目标是确保各业务板块在遵循集团整体战略框架的前提下，确保战略方向和实现绩效目标。这种管理模式注重的是长期的、全面的战略发展，而非短期的财务绩效。

（4）经营自主权：在战略规划型管控模式下，各业务板块在遵循集团整体战略框架的前提下，享有较大的经营自主权。它们可以在"受制衡的分权"方式下自主决策，获得独立经营所具有的治理经济。

（5）业务组合更新：集团总部会利用内部资本市场，将相当数量的资源用于新业务创设和公司发展。通过这种方式，集团总部可以不断调整和优化业务组合，确保集团整体战略目标的实现。

（6）管控措施：战略规划型管控模式的管控措施相对隐蔽，不直接控制战略进程及非财务资源投入。集团总部主要着眼于塑造一个使各业务单元处于受控状态的管理情境，通过考核评价来确保战略举措、长期绩效及少数关键财务指标的实现。

战略规划型管控模式有利于企业集团实现长期的、全面的战略发展。通过战略性引导和监控，集团总部可以确保各业务板块在遵循整体战略框架的前提下，实现自主决策和独立经营。同时，通过业务组合的更新和优化，企业集团可以保持持续的竞争力和市场地位。

3. 战略控制型

战略控制型集团总部在实行战略控制型管控的企业集团中扮演着战略管理者的角色，着重实现业务战略协同和范围经济。其核心要素如下。

（1）战略管理者角色：战略控制型集团总部不仅是集团的策略制订者，也是实施者和监控者。它通过一系列战略控制和协同手段，确保各业务单元与集团整体战略保持一致，并实现业务之间的协同。

（2）直接、有形的控制：与战略规划型管控不同，战略控制型管控对下属业务单元实施直接、有形的控制。总部不仅确定集团发展的战略方向和规划，还参与制订业务单元的具体经营计划、预算计划和投资计划。

（3）战略协同和范围经济：战略控制型管控的核心目标是促成具有较强相关性的业务单元之间形成协同效应，实现范围经济。通过整合和优化资源，集团可以降低成本，提高效率，增强整体竞争力。

（4）有限度的分权：由于集团总部对业务单元实施了较为直接和深入的控制，业务单元的自主权相对下降。这种管控模式可以视为一种"有限度的分权",旨在确保集团整体利益最大化的同时,保持对业务单元的有效监控。

（5）深度、规范的管控：为了实现战略协同和范围经济，战略控制型集团总部会倾向于制订通用的职能流程，通过细化的、统一的政策及程序规则来实现较具深度的、规范的管控。这有助于确保各业务单元在遵循集团整体战略的同时，保持运营的一致性和规范性。

（6）多样化的考核指标：战略控制型管控不仅关注业务单元的产出目标，还关注其经营类目标。总部用以考核业务单元的年度绩效指标包括产出目标和关键的经营类目标，以确保长久取得卓越的运营绩效。这种多样化的考核指标有助于全面评估业务单元的表现，并为其提供改进的方向。

（7）持续优化：在战略控制型管控下，总部会定期对集团整体和业务战略推进过程进行监测、评价及控制。这有助于及时发现问题并采取相应措施进行调整和优化，确保集团整体战略的有效实施和持续改进。

总之，战略控制型管控是一种注重战略协同和范围经济的管控模式。通过直接、有形的控制和深度、规范的管控手段，战略控制型集团总部可以确保各业务单元与集团整体战略保持一致，并实现业务之间的协同和资源的优化配置。

4. 运营管控型

运营管控型集团总部在实行运营管控型模式的企业集团或大型单体企业中扮演着全面管理者的角色，旨在实现业务整合和规模经济。其核心元素如下。

（1）全面管理者角色：运营管控型集团总部不仅是战略决策者，还是日常运营管理的全面参与者。它直接、深度地管理控制下属单位的业务运营，覆盖战略管理和运营管理的各个方面。

（2）集中决策、集中经营：该模式下，总部强调集中决策和集中经营。所有业务单元需在总部统筹安排下，开展步调一致的业务运营活动，以确保集团的经营行为统一和整体协调成长。

（3）业务整合和规模经济：为了实现规模经济，集团内部相关的业务单元，无论是否具有独立的法人地位，都会被整合成集团或公司内部一体化的价值链。这种整合有助于降低运营成本，提高整体效率。

（4）价值链管理：总部通常与业务单元共同制订贯穿价值链的计划，包括市场预测、销售、物流、生产和采购等环节。这种价值链管理能够确保整个供应链过程得到最大价值。

（5）深度介入和干预：总部对业务单元的管控往往十分深入，甚至直接介入和干预下属单位的日常经营策略性活动。这种深度参与有助于确保集团整体战略得到有效执行。

（6）绩效考核体系：总部会对业务单元设定一套具体、详细的绩效考核指标，这些指标既包括财务方面的指标（如收入、利润等），也包括运营方面的指标（如产量、生产计划完成率、成本等）。总部会定期进行检查和监控，以确保各业务单元能够达到既定目标。

（7）动态管控：成员企业在执行总部下达的目标时，需在总部决策和动态管控下开展日常运营层面的战术性、例行性工作。这种动态管控有助于及时发现和解决问题，确保整个集团运营的顺畅和高效。

在管理实践中，由于现实情况的复杂性，事实上很难看到某个企业集团采取某种纯粹的管控模式的情形。从权变的原则出发，在具体情境中应用的管控模式并不是单纯化、一般化的，更不可能是

"一刀切"的。集团总部要对子企业管控模式的"一企一策"进行研究确定，在不同的管控模式框架下，以权责清单或管控清单的形式具体落实。

三、投资组合与估值理论

投资组合理念是各类投资公司的基本投资理念之一，是统筹投资收益与风险、市场机会与企业能力的有效途径。而估值反映了对目标公司价值的投资评价，对投资决策具有重要意义。建立"投资组合"和"资产估值"的理念，是投资公司构建投资四维框架的重要内容。

（一）现代投资组合理论

现代投资组合理论（Modern Portfolio Theory），也称投资分散理论或证券组合理论，由美国经济学家哈里·马科维茨（Harry Markowitz）于 1952 年在《证券组合选择》一文中首次提出，是资产配置模型的理论基石，这一理论阐述了投资公司或投资者如何通过调整资产的配置来改变某一投资组合的风险与收益。

1. 理论假设条件

一是证券市场是有效的；二是投资者以期望的收益率衡量未来实际收益率的总体水平，以收益率的方差衡量未来不确定收益率的风险，且投资者只关心投资的期望收益率和方差；三是投资者厌恶风险，总是希望期望收益率越高越好，同时风险即方差越低越好。

2. 理论核心内容

现代投资组合理论的核心内容主要包括以下几个方面：

（1）风险与收益的平衡：现代投资组合理论强调在投资过程中，

投资者需要在风险与收益之间寻找一个平衡点。它认为，通过将不同风险收益特征的资产组合在一起，可以实现风险的最小化和收益的最大化。

（2）资产的多样化：该理论强调资产的多样化对于降低风险的重要性。将不同类型的资产（如股票、债券、商品等）组合在一起，可以有效地分散风险，降低单一资产价格波动对整体投资组合的影响。

（3）均值－方差分析方法：现代投资组合理论运用均值－方差分析方法来评估投资组合的风险和收益。均值表示投资组合的预期收益率，方差表示投资组合的收益率的波动程度，即风险。调整不同资产在投资组合中的权重，可以改变投资组合的预期收益和风险。

（4）投资组合有效边界：现代投资组合理论认为，存在一条投资组合有效边界，它表示在给定的风险水平下投资者可以获得的最大预期收益。这条边界上的投资组合被称为有效投资组合，它们是理性投资者在给定风险水平下应该选择的投资组合。

（5）理性投资者假设：现代投资组合理论假设投资者是理性的，即他们在给定期望风险水平下对期望收益进行最大化，或者在给定期望收益水平下对期望风险进行最小化。理性投资者会根据市场信息和自己的风险偏好来构建最优的投资组合。

现代投资组合理论的核心内容是通过资产的多样化、均值－方差分析方法和理性投资者假设等概念，指导投资者在风险与收益之间寻找平衡点，构建最优的投资组合。

3. 主要理论价值

现代投资组合理论的重要贡献：一是让人们认识到证券投资组合的主要意义是可以实现在一定风险条件下的收益最大化，或在一定收益条件下的风险最小化,具有降低投资活动风险的效用;二是投资者可以通过投资组合降低投资风险,同时可以根据有关信息进一步实现投资的最优选择。推而广之,投资公司为提高资本收益、降低投资风险,要在投资中建立起业务组合、资产组合、企业组合等基本概念,通过构建并动态优化投资组合,不断实现投资收益与风险的平衡。其理论价值主要体现在以下几个方面。

(1)风险分散化:现代投资组合理论强调通过资产的多样化来降低投资风险。通过将不同类型的资产组合在一起,投资者可以有效地分散单一资产价格波动对整个投资组合的影响,从而降低整体风险。这对于投资者来说是非常重要的,因为它允许他们在追求高收益的同时,保持对风险的合理控制。

(2)优化投资决策:现代投资组合理论提供了一套系统的框架和工具,帮助投资者在不确定的市场环境中做出更优化的投资决策。通过运用均值 – 方差分析方法和投资组合有效边界等概念,投资者可以更准确地评估不同投资组合的风险和收益,并选择最适合自己风险偏好和投资目标的投资组合。

(3)指导资产配置:现代投资组合理论还为投资者提供了关于资产配置的重要指导。它指出,投资者应该根据市场情况和自己的投资目标,合理分配资金于不同类型的资产中,以实现风险和收益的平衡。这对于长期投资者来说尤为重要,因为它可以帮助他们构建一个稳健的投资组合,抵御市场波动的影响,实现长期稳健的投资回报。

(4)促进金融市场发展:现代投资组合理论的提出和应用,对于金融市场的发展也产生了深远的影响。它促进了金融产品的创新和发展,推动了金融市场的多元化和复杂化。同时,该理论也为金融机构提供了更有效的风险管理工具和方法,提高了金融市场的整体效率和稳定性。

（二）估值理论

一个公司是否实现了保值增值，需要通过资产的价值体现；一个公司是否具有投资价值，也同其估值密切相关。一般而言，价值分为两类，即账面价值和市场价值。账面价值是由资产或公司的账面或其财务状况决定的价值，可根据资产负债表确定。市场价值则是资产或公司的市场资本总额或其流通股份份数与股价的乘积，它代表了公司的股权价值，是公司可分配给股东的价值。对于企业来说，企业价值是公司的整体价值，包括归属债权人的价值以及公司所承担的其他义务。关于价值的确定，主要有三种代表性的估值理论方法。

1. 可比公司分析法

这种方法主要是将所要估值的公司与规模相当、产品相似和地域相似的公司进行比较，一般利用乘数[①]作为比较的测度指标。这种方法的主要优点是可以基于最新的股票价格及公司财务数据进行分析；缺点是搜到可比公司比较困难，同时市场也可能高估或低估了公司价值。

2. 先例交易分析法

这种方法主要通过参考历史交易的乘数来评估相对价值。目标公司的价值是相对于历史交易中支付给其他相似公司的价格而分析得出的。这种方法的主要优点是购买价格中包含了溢价，它将有助于确定支付多少溢价来说服目标公司的股东同意出售公司；缺点是

---

① 乘数是指用以比较公司价值与其经营业绩的指标，包括市场价值乘数或企业价值乘数等。

当经济环境发生显著变化时，历史分析容易失败，同时，找到相关交易和数据也存在一定难度。

3.现金流折现分析法

这种方法主要通过目标公司预期的去杠杆现金流折现为现值，从而确定公司当前价值。这种方法是估值方法中技术性最强的，其优点是可基于最新的市场数据进行预测；缺点是不同的主导因素会影响模型预测的准确性，同时折现率较难确定。

第二章

法规与政策基础

第一节　企业集团母公司是国有资本投资公司的微观法人基础

一、国有企业集团的基本概念

国有企业集团是指由国有企业为主体，通过资本控制或者管理关系形成的企业联合体。它通常包括一个或多个核心企业，以及众多的子公司、关联公司和参股公司。国有企业集团的基本概念可以从以下几个方面进行理解和阐述。

（1）资本控制：国有企业集团的核心企业通过对子公司的资本控制，形成层级结构，实现资源的集中配置和优化管理。

（2）法人治理结构：国有企业集团中的每个成员企业都应具有清晰的法人治理结构，包括股东会、董事会、经理层和监事会等，确保企业的决策、执行和监督机制有效运行。

（3）政企分开：国有企业集团在运营中应遵循政企分开的原则，即企业按照市场经济规律自主经营，减少行政干预，提高企业的市场反应能力和经营效率。

（4）功能分类：根据主营业务和核心业务范围，国有企业可以分为商业类和公益类。商业类国有企业以增强国有经济活力、实现国有资产保值增值为主要目标，而公益类国有企业则以保障民生、服务社会、提供公共产品和服务为主要目标。

（5）战略定位：国有企业集团应根据国家战略和市场需求，明确自身的战略定位和发展目标，通过优化资源配置和加大研发投入，推动企业持续发展和转型升级。

（6）社会责任：国有企业集团在追求经济效益的同时，还需承担社会责任，包括促进就业、保障公共产品和服务供给、促进区域协调发展等，这些都是国有企业集团的重要任务和责任。

（7）混合所有制：国有企业集团通过引入非国有资本，形成股权多元化，实现混合所有制经济，以提高企业的活力和竞争力。

（8）国际竞争力：国有企业集团应积极参与国际竞争，通过国际化经营和合作，提升自身的国际竞争力和影响力。

国有企业集团的微观法人基础主要是指国有企业作为独立法人实体的基本构成和运作机制。这些基础构成了国有企业集团在市场经济中运营和管理的法律和制度框架。具体来说，可以从以下几个方面进行理解和阐述。

（1）法人治理结构：国有企业集团的法人治理结构是其微观法人基础的核心，包括股东会、董事会、经理层和监事会等机构。这些机构依法设立，各司其职，确保企业的决策、执行和监督机制有效运行。

（2）公司章程：公司章程是国有企业集团的基本法律文件，规定了企业的组织形式、经营范围、股东权利与义务、董事会和经理层的职责等，是企业内部管理和对外交往的基本依据。

（3）产权清晰：国有企业集团的产权清晰是其法人基础的重要方面，意味着企业的资产所有权、经营权和收益权等权利界限明确，有助于提高企业的运营效率和市场竞争力。

（4）政企分开：国有企业集团的政企分开原则确保企业按照市场经济规律自主经营，减少行政干预，提高企业的市场反应能力和经营效率。

（5）现代企业制度：国有企业集团建立现代企业制度，包括科学的决策机制、有效的激励约束机制和规范的财务管理制度等，这些都是国有企业集团微观法人基础的重要组成部分。

（6）党的领导：在中国特色社会主义制度下，国有企业集团的微观法人基础还包括坚持党的领导，确保党和国家的方针政策在企业中得到贯彻执行。

（7）社会责任：国有企业集团在追求经济效益的同时，还需承担社会责任，包括促进就业、保障公共产品和服务供给、促进区域协调发展等，这些都是国有企业集团微观法人基础的一部分。

第二节　国有资本授权经营是国有资本投资公司权责明晰的根本依据

国有资本授权经营（之前称"国有资产授权经营"），是国有资本所有权与经营权适度分离的必然结果，是解决政企分开、政资分开问题的可行路径。国有资本授权经营的制度安排，一方面有助于解决政府及出资人代表机构不能直接经营国有资产的问题，按照市场经济的专业化分工原则委托市场主体对全民的共同资产保值增值负责，促进国有资本和国有企业做强做优做大。另一方面，有利于解决当时国有企业普遍规模不大，效率不高，难以满足市场需求和应对国际竞争的问题，加快推动国有企业建立产权纽带，打造能抗风浪的大企业大集团。在企业集团试点的基础上，国家开展了国有资本授权经营试点，并取得了显著成效。

一、国有资本授权经营的内涵

国有资本授权经营是指国家通过授权机制，将国有资本的管理、运作和监督职责交由特定的出资人代表机构或企业来执行的一种管理模式。这种模式旨在优化国有资本布局、提高国有资本运营效率、增强国有企业的市场竞争力，同时确保国有资产保值增值，防止国有资产流失。具体来说，国有资本授权经营的内涵可以从以下几个方面进行理解和阐述。

（1）授权与监管相结合：国有资本授权经营体制强调授权与监管的有机结合，即在赋予企业更多的经营自主权的同时，建立健全的监管体系，确保企业在授权范围内规范运作，防止国有资产流失。

（2）政企分开、政资分开：改革要求政府公共管理职能与国有资本出资人职能分开，依法确立国有企业的市场主体地位，最大限度地减少政府对市场活动的直接干预。

（3）权责明晰、分类授权：根据企业的功能定位、治理能力、管理水平等实际情况，对不同类型的企业实施分类授权，确保权责对等、动态调整，实现精准授权。

（4）放管结合、完善机制：改革强调放权与管好相结合，即放权到位的同时，加强事中事后监管，建立统一规范的国有资产监管制度体系，提升监管水平，确保国有资产保值增值。

（5）党的全面领导：改革过程中，坚持和加强党的全面领导，确保国有企业更好地贯彻落实党和国家的方针政策、重大决策部署，充分发挥党组织的领导作用。

（6）优化出资人代表机构的履职方式：出资人代表机构需要依法科学界定职责定位，通过实行清单管理、强化章程约束、发挥董事作用、创新监管方式等手段，加快转变履职方式。

（7）加强企业行权能力建设：指导推动国有企业完善公司治理体系、夯实管理基础、优化集团管控、提升资本运作能力，确保各项授权放权接得住、行得稳。

（8）完善监督监管体系：通过搭建实时在线的国资监管平台、统筹协同各类监督力量、严格执行责任追究等措施，实现对国有资本的全面有效监管。

通过上述措施，国有资本授权经营体制旨在建立与中国特色现代国有企业制度相适应的管理体制，促进国有资本做强做优做大，不断增强国有经济的活力、控制力、影响力和抗风险能力。

整体来看，早期的国有资本授权经营探索是针对企业集团的国有资产产权管理所采取的一种策略，其实质是通过行政划转或有偿划转的方式，使集团母公司拥有紧密层企业的股权；紧密层企业转变为集团母公司的子公司或参股公司。这也是国资重组无偿划转的初步探索。

二、国有资本授权经营体制的确立与完善

经过认识上的不断深化和实践上的持续探索，国有资产授权经营体制逐步在中央文件和法律法规中得到确立，为有效促进国有资产的所有权和经营权分离、进一步实现政企分开发挥了重要作用，加速推动了国有资产管理体制相关改革。

1999 年，党的十五届四中全会通过的《中共中央关于国有企业改革和发展若干重大问题的决定》提出，要按照国家所有、分级管理、授权经营、分工监督的原则，逐步建立国有资产管理、监督、营运体系和机制，建立与健全严格的责任制度。

国务院代表国家统一行使国有资产所有权，中央和地方政府分级管理国有资产，授权大型企业、企业集团和控股公司经营国有资

产。这是首次在中央文件中提出"授权经营"的概念，标志着国有资产授权经营体制的初步确立，对国有资产所有、管理、经营、监督的制度安排更加清晰，尤其是政府与国有企业的关系进一步清晰。文件同时提出，政府对国家出资兴办和拥有股份的企业，通过出资人代表行使所有者职能，按出资额享有获得资产收益、参与重大决策和选择经营管理者等权利，对企业的债务承担有限责任，不干预企业日常经营活动。从当时的情况来看，国有资产国家所有毋庸置疑；授权经营正逐步完善；但分级管理、分工监督无论是在中央层面还是在地方层面仍处于"九龙治水"的阶段，建立统一集中的国有资产监督管理体制势在必行。

《企业国有资产监督管理暂行条例》于 2003 年颁布实施。该条例规定，国有资产监督管理机构根据授权，依法履行出资人职责，依法对企业国有资产进行监督管理。条例同时规定，国有资产监督管理机构可以对所出资企业中具备条件的国有独资企业、国有独资公司进行国有资产授权经营。被授权的国有独资企业、国有独资公司对其全资、控股、参股企业中国家投资形成的国有资产依法进行经营、管理和监督。

2008 年，《中华人民共和国企业国有资产法》进一步规定，国务院国有资产监督管理机构和地方人民政府按照国务院的规定设立的国有资产监督管理机构，根据本级人民政府的授权，代表本级人民政府对国家出资企业履行出资人职责。国务院和地方人民政府根据需要，可以授权其他部门、机构代表本级人民政府对国家出资企业履行出资人职责。履行出资人职责的机构代表本级人民政府对国家出资企业依法享有资产收益、参与重大决策和选择经营管理者等出资人权利。

第三节　国家授权投资的机构改革探索

在 20 世纪 90 年代中后期，建立现代企业制度已成为国有企业改革（简称"国企改革"）的明确方向。在建立现代企业制度的过程中，企业改革遇到了几个亟待解决的突出问题。第一，政府行政机构不能直接经营国有资产，企业国有资产的出资人代表缺位；第二，大企业大集团仍然缺乏充分的经营发展自主权，难以成为真正有竞争力的市场主体；第三，政府与企业之间的经营责任不清。这些问题相互交织，必须找到一个突破口。国企改革的开拓者提出"国家授权投资的机构"的概念并付诸实践。

（一）国家授权投资的机构的概念与设计

国家授权投资的机构，是指国家单独出资形成的，经国务院或国务院授权的省级人民政府批准新设或改建设立的，代表国家对授权范围内的国有资产行使出资者权利，对国有资产负保值增值责任，并经工商部门登记注册的特殊企业法人。

同一般国有企业相比，除追求经营效益和效率的共性特点外，国家授权投资的机构还具有三点特殊性。第一，它是经营国有资本的最高层级的经营实体，一般的国有全资及控股的股份公司和有限责任公司都在它的管理之下，在它之上的只有代表国有资产所有者的政府；第二，它是经国家批准设立的国有独资公司，不能进行多元化和混合所有制改革（简称"混改"）；第三，它拥有更大的权利，包括投资权、融资权、收益分配权、资产处置权、对外贸易权等。

概括来说，国家授权投资的机构就是主要以价值形式经营国有资产的特殊企业法人，经国有资产管理部门的批准和授权，代表政府对授权范围内的国有资产行使出资者权利，依法享有授权资产的占有、使用、收益和处置的权利，并通过资产经营的方式取得经济效益，实现国有资产的保值增值。

国家授权投资的机构作为经营国有资产的企业，是政府与国有企业之间的一种中观组织。建立这样的中观组织，有利于建立新型国有资产管理体制，即三层管控架构。在宏观层面，政府把社会经济管理职能和国有资产所有者职能分开，建立专司国有资产管理职能的机构；在中观层面，设立在授权范围内对国有资产享有出资人权益并对授权资产保值增值负责的投资机构，由政府将国有产权以授权持股方式委托其进行产权经营和管理；在微观层面，推动各类国有企业在公司制改造的基础上，成为独立经营、拥有法人财产权的商品生产者和经营者。

国家授权投资的机构与政府国有资产管理部门的关系，是资产受托与委托的关系，双方通过契约方式来规范各自的权利、责任和义务。国家授权投资的机构在政府国有资产管理、运营的政策框架和规定的权限内独立经营，对委托方承担国有资产保值增值的责任，并接受委托方的监督和考核。对经营效果不好的授权投资的机构，委托方有权更换经营者或将其资本转向效益较好的经营机构。国家授权投资的机构与授权范围内国有企业的关系，是出资与被出资的产权关系，由此构成以产权为纽带的母子公司体制。国家授权投资的机构作为出资者，依法享有获得资产收益、参与重大决策、选择经营者等所有者权益。对于公司制企业，出资者权益表现为股权，由控股公司派出产权代表行使股东权利，通过董事会的运作实现出资者意图。

建立三层管控架构的国有资产管理体系，需要着重解决三个问题。一是解决国有经济内部产权虚置以及由此导致的国有资产流失问题。原来经营者权利和责任之间缺乏有效的制衡机制造成企业行为不规范和国有资产流失，而国家授权投资的机构是经授权的国有资产出资者代表，是国有资产所有者身份人格化的具体表现形式。二是解决政企分开的体制障碍问题。在政府和国有企业之间建立经营国有资产的中观组织，把政府对企业的行政干预转化为出资者的资产管理，"政企分开"才有体制上的保障。三是解决国有资产存量重组的抓手问题。国有资产经营主体的建立将开辟通过产权市场进行资产重组的规范化途径，从而为调整国有资产的分布结构、优化国有资产的配置、提高运营效益创造体制条件。

（二）国家授权投资的机构的实践与成效

当时工作的推进思路是，先行推出把大型企业集团公司改组为国家授权投资的机构的试点工作，选择条件好的大型企业集团，作为改组授权投资的机构试点；将大型集团公司的改组试点，纳入当时企业集团试点工作中统一部署和安排，尤其要和"国有资产授权经营"的试点工作衔接起来。

在实践探索中，国家授权投资的机构的主要形式有三类，包括国家投资公司、国家控股公司、企业集团母公司。其中，国家投资公司经批准和授权后，主要以控股方式从事国有资本投资，从事特定行业经营性项目的国有固定资产投资活动；国家控股公司经批准和授权后，对授权范围内的国有资产行使出资人职能，并以控股方式从事资本经营活动；企业集团母公司经批准和授权后，也具有国家控股公司的性质，但是混合型控股公司既以控股方式从事资本经营，也从事生产经营。

经国务院批准，中国航空工业总公司、中国石油化工总公司、中国有色金属工业总公司 3 家企业集团成为首批国家授权投资的机构试点。1998 年后，国务院在国有资产授权经营体制的改革试点中，又陆续批准了钢铁、石油石化、电力、电信等 30 多家企业集团母公司作为"国家授权投资的机构"或国家控股公司试点。这些试点企业可以对其直属企业、控股企业、参股企业行使出资人权利，对其国有资产进行经营管理和监督并承担保值增值责任。

（三）国家授权投资的机构的法律基础演变

1993 年，我国首部《中华人民共和国公司法》（下称《公司法》）将国家授权投资的机构的概念正式纳入法律体系。其有关条款规定，国家授权投资的机构或者国家授权的部门可以单独投资设立国有独资的有限责任公司；国有独资公司不设股东会，由国家授权投资的机构或者国家授权的部门，授权公司董事会行使股东会的部分职权；国家授权投资的机构或者国家授权的部门依照法律、行政法规的规定，对国有独资公司的国有资产实施监督管理。

2003 年开始，各级国有资产监督管理机构逐步成立。2005 年，《公司法》修订为，国有独资公司是指国家单独出资、由国务院或者地方人民政府委托本级人民政府国有资产监督管理机构履行出资人职责的有限责任公司；国有独资公司不设股东会，由国有资产监督管理机构行使股东会职权；国有资产监督管理机构可以授权公司董事会行使股东会的部分职权。从此，在我国的法律规定中，"国有资产监督管理机构"替代了"国家授权投资的机构或者国家授权的部门"，国家授权投资的机构逐步淡出人们的视野。

第四节　国有资本投资公司的宏观体系框架

国有资本投资公司的宏观体系框架是在国家层面对国有资本进行宏观管理和调控的体系结构，旨在优化国有资本布局、提高国有资本运营效率、增强国有企业的市场竞争力，同时确保国有资产保值增值，防止国有资产流失。这一框架可以从以下几个方面进行理解和阐述。

（1）政策指导与战略定位：国有资本投资公司的战略定位必须服务于国家战略，确保在关系国家安全和国民经济命脉的重要行业和关键领域中发挥主导作用。这意味着国有资本投资公司需要在能源、交通、通信、国防等关键领域保持控制力和影响力，同时推动国有资本向战略性新兴产业集中，促进产业结构的优化升级。

（2）资本运作与产业整合：国有资本投资公司通过资本运作，如投资融资、产业培育和资本运作等方式，推动国有经济布局优化和结构调整。这包括通过重组、兼并和收购等活动，促进产业集聚、转型升级和化解过剩产能，以及积极参与国际竞争，提升国有资本的全球竞争力。

（3）监管体制与职能转变：国有资本投资公司的建立是国资监管方式由"管资产"向"管资本"过渡的重要举措。这一转变意味着国资委等监管机构将更多地通过出资人代表机构行使监管职能，而将企业的日常经营权归还给企业，实现政企分开、政资分开，提高企业的自主性和市场反应能力。

（4）公司治理与内部管理：国有资本投资公司需要建立现代企业制度，完善公司治理结构，包括股东会、董事会、经理层等治理主体的有效运作。同时，公司需要优化内部管理，提升资本运作能力、产业研判能力、投资决策能力和风险管控能力，实现"小总部、大产业"的管控模式，压缩管理层级，提高决策效率。

（5）创新驱动与核心竞争力：国有资本投资公司要关注战略性新兴业务，培育核心竞争力和创新能力。这涉及对关键核心技术的研发投入，推动科技创新，以及通过资本运作支持高新技术产业发展，形成新的增长点和竞争优势。

（6）宏观调控与市场机制：国有资本投资公司在宏观体系框架中，既要服从国家的宏观调控，又要充分利用市场机制进行资源配置和资本运作。这要求公司在确保国家战略目标实现的同时，也要遵循市场规律，提高资本的配置效率和运营效益。

（7）国际化视野与全球布局：国有资本投资公司在全球化背景下，需要具备国际化视野，积极参与国际合作与竞争，通过海外投资、并购等方式，拓展国际市场，提升全球竞争力。

通过上述框架的构建和实施，国有资本投资公司能够在保证国家战略安全和经济稳定的同时，推动国有企业的高质量发展，实现国有资本的保值增值和效率提升。

第二部分
实践与思考

第三章

国有资本投资公司的时代角色

第一节　国有资本投资公司的改革背景

自改革开放以来，40余年的国企改革始终是以"企业的所有权和经营权相分离"为核心理念而进行的，其最终目标在于实现国企单位的"政企分开"和"政资分开"。随着放权让利、两权分离、股份制改革以及国资委作为出资人的监管制度建立等改革阶段的不断推进，我国的国有企业改革已逐渐进入深水区。

在此背景下，2013年11月，党的十八届三中全会召开，会议审议通过了《中共中央关于全面深化改革若干重大问题的决定》。文件说明了我国国企改革的核心在于实现从"管企业"向"管资本"的转型，并首次提出国有资本投资、运营公司的概念。随后中央关于国企改革的顶层设计方案及配套文件陆续出台，并选择部分央企展开国有资本投资运营公司的试点工作。同年12月，上海市政府紧跟中央，率先发布了《关于进一步深化上海国资改革促进企业发展的意见》（也称《上海国资国企改革20条》），从而拉开了地方国企改革的序幕。此后，天津、四川、湖北等地也纷纷依照中央精神，出台相关文件和方案并开展试点。

2015年8月和10月，中共中央、国务院又相继下发了《中共中央、国务院关于深化国有企业改革的指导意见》和《国务院关于改革和完善国有资产管理体制的若干意见》两份重要文件。文件提出，授权国有资本投资、运营公司对授权范围内的国有资本履行出资人职责，国有资本投资、运营公司对所出资企业行使股东职责。改组组建国有资本投资、运营公司主要通过划拨现有商业类国有企业的国有股权和国有资本经营预算注资组建等方式。

至 2018 年 7 月，针对国企改革事项，国务院再次下发《国务院关于推进国有资本投资、运营公司改革试点的实施意见》（下称《实施意见》），文件明确区分了国有资本投资公司和运营公司的战略定位和主要功能。其中，国有资本投资公司定位于在关系国家安全、国民经济命脉的重要行业和关键领域，以战略性核心业务控股为主，通过开展投融资、产业培育和资本运作等，推动产业集聚、转型升级和化解过剩产能，培育核心竞争力和创新能力，提升国有资本控制力和影响力。而国有资本运营公司则是以提升国有资本运营效率、提高资本回报为目标，以财务性持股为主，通过股权运作、基金投资、培育孵化、价值管理、有序进退等方式，盘活国有资产存量，引导和带动社会资本共同发展，实现国有资本合理流动和保值增值。

在中央文件、地方文件的指导下，众多地方国企相继展开建设国有资本投资运营平台的工作。截至 2017 年年底，各地国资委共改组组建国有资本投资、运营公司 89 家。而通过梳理已有的各地国资改革方案，可以发现其基本思路大体一致，即把地方国有资本投资运营公司作为政企分开的"隔离层"，建立以产权为基础的国有资产管理体制、双重委托代理关系下的公司治理机制和激励约束机制等。当前国有资本投资运营公司有如下几个特点。

一是中央企业层面投资公司与运营公司经营方向各有侧重。当前，从承担职能及运营情况看，中央企业层面的国有资本投资、运营公司业务各有侧重，分工较细。其中，国有资本投资公司可分两类，一类是以产业整合和发展为主要目标的产业型投资公司，如中粮集团、中国宝武、中广核集团等，此类公司以整合本产业资源和规范市场，做强做优行业龙头，积极打造世界一流企业为主要目标；另一类则是多元化经营的产业投资公司，主要任务是实现产业孵化、产业培育及资产保值增值，如国投公司、华润集团、中国通用技术集团等。

国有资本运营公司在中央企业层面也分两类，国新控股主要聚焦实体产业，着力做强存量资本、做优增量资本、做大产业资本，培育孵化战略性新兴产业；而诚通控股主要从事国有企业非主业及不良资产市场化、专业化运作和处置，以利用托管等市场化手段盘活存量资产为主要任务。地方国有资本投资运营公司一般只分两类，多数是多元化经营的产业投资公司与以盘活存量为主要目标的资产运营公司。此外，地方上还有一些产业性投融资专业公司，如地方城投、铁投等专门承担地方政府发展任务，也具有较强的国有资本投资运营公司的特征。

二是资产体量差距较大。从各地国有资本投资运营公司发展和运营情况看，由于我国经济发展不平衡，国有资本地域分布不均匀，国资规模体量较大、市场化程度较高的地区，国有资本投资、运营公司资产体量较大，市场化运作较为充分。规模最大的深圳投控，2022年的资产总量为4334亿元，相当于黑龙江大正投资集团的40倍左右，是内蒙古国资运营公司的124倍。

三是金融特性较强。国有资本投资运营公司在运营过程中，普遍采取基金投资、托管、资产证券化等金融手段，金融特性较强。如国投公司涉足金融及服务业，业务涵盖证券、银行、证券基金、信托、保险、担保、期货、财务公司、融资租赁等。中粮集团旗下的金融业务整合了期货、信托、寿险、银行、产业基金、保险经纪等金融业务，具有较为完善的金融服务链。国新控股以国有资本风险投资基金为核心，设立运营包括国新国同基金、央企运营基金、国新建信基金、双百基金和科创基金等在内的国新基金系，筹集资金总规模超过 7000 亿元，目前已拥有商业保理、融资租赁、财务公司、保险经纪、金服公司、大公资信、前海保险交易中心等 7 家主要金融、类金融机构。诚通控股主营业务为股权运作、金融服务、资产管理。2016 年，诚通控股作为主发起人，发起设立了总规模 3500 亿元的国内最大私募股权投资基金——中国国有企业结构调整基金。

地方 90% 以上的国有资本投资运营公司均设有基金，多数在 3 只以上，其中上海国际集团、山东鲁信、河南国控等旗下设立基金超过 5 只。深圳市国资委积极打造功能基金群体系，规模超 3000 亿元。广东恒健集团作为广东省国有资本运营公司，积极执行省委省政府意图，近年来布局千亿级基金群，打造境内外投融资平台，形成了较强的资本带动效应。

第二节　国有资本投资公司的功能作用

2019 年，党的十九届四中全会提出，形成以管资本为主的国有资产监管体制，有效发挥国有资本投资、运营公司功能作用。国有资本投资公司作为形成以管资本为主的国有资产监管体制的重要抓手，应有效发挥哪些功能作用？结合《实施意见》的设计和要求，国有资本投资公司的核心功能作用可概括为以下三个方面。

一、授权经营的隔板功能

在管理体制的宏观布局中，国有资本投资公司扮演着举足轻重的角色。其独特的授权经营隔板功能，不仅确保了政府行政机构与国有企业之间权责的清晰划分，更实现了国有资本所有权与经营权的有效分离。这种分离并非简单的物理隔离，而是构建了一个清晰明确的隔板，使得政府与企业各自在其领域内发挥应有的功能。

隔板之上是政府，是行政主体；隔板之下是企业，是一般市场主体。国有资本投资公司作为国有资本投资运营主体，对上承接政府授权（直接授权或间接授权），在国家授权范围内履行国有资本出资人职责；对下履行股东职责，以出资额为限承担有限责任。

在间接授权模式下，国资监管机构对国有资本投资公司授权，授予其对国有资本履行出资人职责的各项权利，有效实现国有资本所有权与企业经营权分离，同时国有资本投资公司对所出资企业授权，授予其对作为资本金的国有资本（也应包括以国有资本为信用基础获得的债权融资）的自主经营权。国资监管机构的管理权，原则上应止于国资本投资公司，不再向下延伸和穿透行政管理。国有资本投资公司作为国有资本授权经营链条中政府和各级国有企业的法人面，成为行政主体和一般市场主体之间的隔离带和防火墙。

值得一提的是，在间接授权模式下，国资监管机构对国有资本投资公司的授权，更是体现了所有权与经营权分离的精髓。这种授权不仅赋予了国有资本投资公司履行出资人职责的各项权利，更使得它能够根据市场情况，对所出资企业进行灵活的授权管理，确保了国有资本的高效运作和保值增值。

二、资本运作的平台功能

国有资本投资公司作为国有资本市场化运作的平台，其功能主要体现在以下几个方面。

（1）促进国有资本合理流动：通过资本运作平台，国有资本可以实现跨地区、跨行业、跨所有制的合理流动，打破地域和行业壁垒，推动资本向更高效益的领域转移。

（2）调整国有资本布局结构：根据国家战略和产业发展规划，国有资本投资公司可以有针对性地投资或退出某个领域，从而优化国有资本在国民经济中的布局结构。

（3）提高资源配置效率：借助资本运作平台，国有资本可以更高效地配置到具有发展潜力的企业和项目中，提高资本的使用效率，实现国有资产的保值增值。

（4）自主开展国有资本运作：国有资本投资公司可以依法自主开展投资融资、资本运作、资产重组等操作，确保国有资本运作的灵活性和高效性。

（5）推动国有资本向关键领域集中：按照国有资本布局结构调整要求，国有资本投资公司可以推动国有资本向重要行业、关键领域、重点基础设施以及前瞻性、战略性产业集中，促进国家经济的转型升级。

三、产业发展的投资功能

国有资本投资公司在产业发展方面的投资功能主要体现在以下几个方面。

（1）投资引导作用：国有资本投资公司以服务国家战略为出发点，通过产业投资引导社会资本向国家战略支持的领域和产业发展，推动产业集聚和转型升级。

（2）经营管控作用：国有资本投资公司对授权范围内的国有资本承担经营责任，通过有效的经营管控，确保国有资产保值增值，防止国有资产流失。

（3）培育战略性新兴产业：国有资本投资公司可以积极投资战

略性新兴产业，推动这些产业的快速发展，提升国家的产业竞争力。

（4）带动核心主业产业发展：通过投资产业链上下游企业，国有资本投资公司可以带动核心主业产业的发展，提升产业链集群的国际竞争力。

（5）引导各类资本共同促进产业高质量发展：国有资本投资公司可以通过自身的投资示范和带动作用，引导包括非公有资本在内的各类资本共同促进产业的高质量发展。

综上所述，国有资本投资公司在资本运作和产业发展方面发挥着重要的平台功能和投资功能，是推动国家经济转型升级和高质量发展的重要力量。

第三节　现有国有资本投资公司的运作特点

结合上述国有资本投资公司的核心要素，现有国有资本投资公司运作呈现出以下特点。

一是厘清功能定位，明确使命和目标。结合相关政策来看，国有企业要成为国有资本投资公司，必须明确国有资本投资公司是国有资本布局优化与调整的"特种兵"，是在某一或某些国计民生的重大行业领域成为承担国家产业责任的平台，是在特定领域成为代表世界一流水平的中国国有企业投资者。中国宝武提出"以驱动钢铁生态圈绿色智慧转型发展，促进企业各利益相关方共同成长"为使命，致力于成为"全球钢铁业引领者和世界级企业集团"。国投公司提出"以投资创造更美好的未来，建成具有全球竞争力的世界一流资本投资公司"。华润集团提出"打造具有华润特色的国有资本投资公司，成为具有全球竞争力的世界一流企业"。招商局打造三个"世界一流"和四个"国内领先"，致力于建设成为具有国际竞争力的世界一流企业。中国建材致力于打造成为材料领域具有全球竞争力的世界一流投资公司。

二是构建"小总部"，配齐配强总部核心功能。集团总部作为国有资本投资公司的决策中心、调控中心，其职能定位对国有资本投资公司整体改革与发展起着决定性作用。从五大央企集团的总部核心功能来看，其均为积极构建的"小总部"，对集团总部机构进行了精简。中国宝武、国投公司、招商局总部职能人员均未超过300人。同时，围绕国有资本投资公司总部职能定位，五大央企在总部职能中力求配齐配强战略规划、资本配置、监督风控、孵化创新等核心功能。

三是围绕总部职能定位，优化管控模式。中国宝武以完善母子公司管控体制为切入点，强化对子公司的战略和财务管控；国投公司采用的是战略管控和财务管控相结合的模式；招商局采用的是以战略为导向的财务管控模式；华润集团采用的主要是战略管控模式。从实践来看，五大央企集团总部对下属业务单元所执行的管控模式更多的是以战略管控为主，财务管控为辅的方式。从政策来看，国有资本投资公司应建立以战略目标和财务效益为主的管控模式，对所持股企业考核侧重于执行公司战略和资本回报状况。而五大央企集团的实践也恰恰符合政策的要求，完全符合国有资本投资公司的改革要求。

四是完善法人治理结构。国有资本投资公司需要按照相关政策规定建立健全法人治理结构，同时在实际改革过程中进行优化与调整。从政策规定来看，国有资本投资公司的基本组织形式是公司制，按照《公司法》对法人治理结构的相关规定，原则上应该设立董事会、党委会、监事会和经理层。五大央企集团分别设立了党组织、董事会、经理层等，其中集团总部都形成了外部董事占多数的董事会结构。

五是科学有序授权放权，确保授得准、接得住、管得好。从五大央企集团的实践来看，给下属企业授权需要根据企业的不同类型、不同层级、不同实力进行授权，同时授权不能一刀切、一成不变，应定期对企业的行权能力进行评估，进行动态调整。

六是强化主业实业，发挥产业引领作用。国有资本投资公司以服务国家战略（所属地区发展战略）、优化国有资本布局、提升产业竞争力为目标，要充分发挥其投资平台的作用，推动国有经济布局优化和结构调整。中国宝武和中国建材坚持战略引领，加大对主责主业的资源投入，在改革中坚持服务国家及地方经济发展战略，结合自身发展定位，通过加大资本投入、实施并购重组、强化运营提升等途径，将资源向核心主业、关键领域和优势企业集中；同时，由"被动退出"转为"主动退出"，多措并举，清理退出非主业板块和低效无效资产，聚焦主责主业，优化布局结构，进一步实现国有资本投资公司的发展目标。

七是积极推动市场化经营机制改革，完善市场化经营机制。从改革举措来看，国有资本投资公司通过各项改革手段，实现"能上能下、能进能出、能增能减"的问题；在完善选人用人机制方面，积极探索推行任期制和契约化管理；在建立健全中长期激励机制方面，根据所属企业实际，综合运用战略配售、跟投、限制性股票和超额利润分享等多种方式，实施中长期激励。

第四节　国有资本投资公司的定位与角色

一、中国特色现代企业制度建设的改革标杆

国有资本投资公司要成为建立完善中国特色现代企业制度的改

革标杆,在制度更加成熟定型的基础上率先积累改革经验。具体来说,国有资本投资公司要以公司制改革为基础,在完善公司治理中加强党的领导,健全完善权责法定、权责透明、协调运转、有效制衡的公司治理机制,切实有效发挥党委(党组)领导作用、董事会决策作用、经理层经营管理作用。

(一)公司制的国有独资公司

国有资本投资公司在我国的经济体系中扮演着重要的角色,其设立和管理都受到严格的法律和政策的规范。以下是关于国有资本投资公司相关问题的一些详细解答。

首先,国有资本投资公司的设立条件非常明确:它必须是已完成公司制改革或依据《公司法》新设的有限公司。这意味着,它不能是传统的全民所有制企业。在法律关系上,国有资本投资公司必须是公司法人实体,这意味着它拥有独立的法人财产权和自主经营权,可独立承担经济法律责任。这是保证国有资本投资公司能够独立、有效地进行市场化运作的基础。

其次,在股东责任上,国家对国有资本投资公司的责任是有限的,具体来说就是以国家的出资额为限承担有限责任。这种有限责任的设置,既保护了国家的利益,也给了国有资本投资公司更大的经营自由度。与其他企业法人一样,依据法律法规,国有资本投资公司可以被重组、被拆分,甚至破产。这些规定都体现了市场经济条件下企业的平等地位和公平竞争的原则。

再次,国有资本投资公司必须是有限公司中的国有独资公司。这意味着它的股权结构是单一的,全部由国有资本构成,不能是股权多元化公司,也不能是混合所有制企业。这种股权结构设置的原因在于,国有资本投资公司是国有资本市场化运作的专业平台,其主要任务是优化国有资产配置，提高国有资产运营效率。只有国有独资的股权结构才能最大限度地保障国有资产不流失和资本运作高效率。

最后，由于国有资本投资公司特殊的性质和任务，国有资本投资公司法人自身不能单独上市。这并不意味着国有资本投资公司不能与资本市场接触，相反，它可以通过其他方式参与资本市场，如控股或参股其他上市公司等。这种方式既可以保证国有资本投资公司的独立性和专业性，又可以使其与资本市场保持密切的联系，实现国有资产的保值增值。

总的来说，国有资本投资公司的设立和管理都体现了市场经济条件下企业的平等地位和公平竞争的原则。同时，它也充分考虑了国有资本的特殊性和任务性，采取了相应的措施来保障国有资产的安全和高效运营。

（二）中国特色现代企业制度的实践典范

在中国特色现代企业制度的实践中，国有资本投资公司法人扮演着举足轻重的角色。这些公司不仅致力于建立完善的中国特色现代企业制度体系，更是率先垂范，落实"两个一以贯之"的原则，即以坚持党对国有企业的领导和坚持建立现代企业制度作为改革方向。

作为现代化企业，国有资本投资公司肩负着不断完善和健全中国特色现代企业制度的重任。这些制度包括建立董事会、监事会、经营管理层等机构，明确各个机构的职责和权力，以及制订一系列规章制度，如公司章程、内控制度、财务制度等，以确保企业的经营活动合法合规。同时，公司还注重发挥企业家精神和社会责任，推动企业制度的优化和发展。

在制度建设方面，国有资本投资公司注重上下贯通。公司不仅自身建立完善的现代企业制度，还推动所出资企业建立完善的中国特色现代企业制度，确保整个集团的制度建设上下一致、相互衔接。这种上下贯通的制度建设有助于形成集团的整体优势，提高企业的竞争力和市场地位。

总之，国有资本投资公司在中国特色现代企业制度的实践中起到了典范作用，在坚持党的领导的前提下，不断完善现代企业制度，推动所出资企业建立完善中国特色现代企业制度，为实现国有企业的持续健康发展做出了积极贡献。

二、主责主业突出、多元业务适度的产业布局改革尝试

国有资本投资公司要成为主责主业突出、多元业务适度的国企改革表率。具体来说，国有资本投资公司要做强核心主业，在全球资源配置中占据主导地位，形成话语权和影响力，构建产业生态圈、优化产业价值链，确保核心主业产业链供应链安全可靠；做精多元化业务，依托核心主业优势，适度发展多元产业，突出特色化和参与性，获得投资回报，反哺核心主业；积极培育战略性新兴产业，加强前瞻性产业布局，以直投或基金等方式参与风险投资，引领带动相关产业发展。

（一）具有全球竞争力的核心主业

国有资本投资公司在服务国家战略方面扮演着至关重要的角色，其以特定产业为依托，承担着产业报国、实业报国的重任，以及加强核心主业产业发展的使命。以下是针对国有资本投资公司核心主业发展的详细分析。

1. 核心主业的定位与选择

国有资本投资公司的核心主业应聚焦在关系国家安全、国计民

生和国民经济命脉的重要行业和关键领域，如能源、交通、通信、军工等。同时，国有资本投资公司也应关注前瞻性战略性产业、生态环境保护、共用技术平台等具有长期发展潜力的领域。

在选择核心主业时，国有资本投资公司需要充分考虑自身的资源禀赋、技术实力和市场环境等因素，确保所选主业与公司战略高度契合，能够发挥公司的核心竞争力和优势。

2. 核心主业的专业化发展

国有资本投资公司需要坚持专业化发展导向，集中资源和精力，把核心主业做强做优，达到世界一流水平，提高全球竞争力和话语权。这要求公司在人才培养、技术创新、市场开拓等方面持续投入，不断提升核心主业的竞争力和市场占有率。

3. 核心主业的资产与收入比重

为了确保核心主业在公司总体发展中的主导地位，国有资本投资公司应确保核心主业的资产和收入在总体中占有较高的比重。具体来说，核心主业资产和收入比重不应低于50%。这一比重设置有助于确保公司专注于核心主业的发展，避免盲目扩张和过度多元化带来的风险。

4. 行业机会与企业机会的区分

在行业选择和发展过程中，国有资本投资公司需要明确区分行业机会和企业机会。行业机会指的是某个行业整体的发展前景和潜力，而企业机会则是指公司在该行业中能够抓住的特定机遇。虽然行业机会对企业发展具有重要影响，但企业机会才是公司实际能够把握并实现利润增长的关键。因此，公司需要经得起诱惑，不能盲目追逐热门行业，而应根据自身实际情况和发展战略选择适合的行业和领域进行投资和发展。

总之，国有资本投资公司在服务国家战略的过程中，需要明确自身的核心主业定位和发展方向，坚持专业化发展导向，确保核心主业的做强做优。同时，公司需要明确区分行业机会和企业机会，避免盲目扩张和过度多元化带来的风险。通过不断努力和创新，国有资本投资公司可以在服务国家战略的过程中实现自身的高质量发展。

（二）适度发展的多元化业务

国有资本投资公司在发展多元化业务时，需要采取适度、有针对性的策略，以确保能够平衡风险与收益，同时反哺和强化核心主业的发展。

1. 多元化业务的功能定位

多元化业务的功能定位主要是通过投资增值获取利润，以平抑核心主业产业周期带来的波动，同时反哺核心主业产业发展。这种策略有助于国有资本投资公司在不同经济周期中保持稳定的赢利能力，并为核心主业的持续发展提供资金支持。

2. 多元化业务的发展策略

（1）以核心产业为基础：多元化业务的发展应以核心产业为基础，围绕核心主业的优势领域和产业链上下游进行拓展；通过投资与核心主业相关的行业和领域，充分利用核心主业的资源和技术优势，降低投资风险，提高投资成功率。

（2）以相关多元化为主：在多元化业务的选择上，应以相关多元化为主，即选择与核心主业具有较强关联性的行业和领域进行投资。这样可以确保投资项目的风险可控，同时能够充分利用核心主业的资源和经验，提高投资效益。

（3）以非相关多元化为辅：在相关多元化业务发展的基础上，可以适度涉足非相关多元化业务。但非相关多元化业务的选择应谨慎，避免盲目投资非相关多元化业务，造成重大损失，拖累核心主业。

3. 投资发展多元化业务的注意事项

（1）坚持适时适度、匹配互补：在投资发展多元化业务时，应坚持适时适度、匹配互补的原则。要根据公司的实际情况和市场环境，选择适当的时机和规模进行投资，同时确保投资项目与公司整体战略和核心主业的协同发展。

（2）严格限定投资金额范围和比例：为确保公司的稳健发展，应严格限定多元化业务的投资金额范围和比例，多元化业务的资产和收入在总体中所占的比重不应过高。这样可以有效控制投资风险，避免过度依赖非主业收入带来的风险。

总之，国有资本投资公司在发展多元化业务时，应以核心产业为基础，以相关多元化为主，以非相关多元化为辅。同时要坚持适时适度、匹配互补的原则，严格限定投资金额范围和比例，以确保公司的稳健发展和持续增长。

（三）孵化培育新兴产业

国有资本投资公司在孵化培育新兴产业方面扮演着至关重要的角色，具体策略和措施可以从以下几个方面展开。

（1）战略导向与政策对接：紧密跟踪国家产业政策和战略导向，将资源集中投入到符合国家长远发展规划的关键领域。利用国家政策支持，如财政补贴、税收优惠、研发资助等，降低新兴产业的初期风险和成本。

（2）创新驱动发展：加大研发投入，建立或合作建立研发中心、实验室等创新平台，吸引顶尖人才，推动关键技术突破和成果转化。同时，鼓励内部创业，为有潜力的新项目提供资金、资源和管理支持，形成内部创新生态。

（3）产融结合：利用国有资本的金融优势，设立专项投资基金，如产业投资基金、创业投资基金等，对具有高成长性的初创企业和项目进行投资。通过资本运作，促进科技成果产业化，加速企业成长。

（4）开放合作与生态构建：与民营企业、高校、研究机构等建立广泛的合作关系，形成产学研用一体化的创新体系。通过战略联盟、合资合作等方式，共享资源，分担风险，共同开拓市场。

（5）市场化运作与混改探索：推动国有企业混合所有制改革，引入非公有制经济成分，激发企业活力和竞争力。采用市场化机制，如职业经理人制度、股权激励等，提高管理效率和创新能力。

（6）绿色低碳与可持续发展：响应国家碳达峰、碳中和目标，优先发展节能环保、清洁能源等绿色产业，推动产业结构向低碳环保转型。

通过上述策略，国有资本投资公司不仅能够有效孵化和培育新兴产业，还能在推动产业升级、促进经济高质量发展方面发挥引领和示范作用。

三、决策高效、管控科学管理体制的改革表率

国有资本投资公司要成为内部决策高效、管理科学合理的国企改革表率。具体来说，国有资本投资公司要建立起定位清晰、精简高效的集团管理架构，打造专业化、精英化、年轻化的集团总部，构建权责合理的授权经营链条；按照以管资本为主的导向，因企施策，依法落实所出资企业董事会职权，实现层层授权放权，层层解锁松绑，激发企业市场主体活力；让专业的人干专业的事，让听得见炮声的人指挥战斗。

（一）定位清晰的三层管控架构

国有资本投资公司的企业集团应建立清晰的三级管控架构，以确保国有资本的高效运作和保值增值。这一架构包括以下几个部分。

1. 集团总部（一级）

（1）定位：国有资本投资公司，组织形式为国有独资公司。

（2）职责：负责优化国有资本布局结构、提升运营效率、实现国有资产保值增值。

（3）功能：作为战略投资中心和资本运作中心，以资产监管和资本运作为主，承担战略引领、资源配置、评价考核、风险合规、监督问责、党的建设等功能。

2. 产业发展平台和职能功能平台（二级）

对于产业发展平台来说，具体包括以下内容。

（1）载体：产业控股公司，组织形式包括上市公司或未上市的股权多元化公司。

（2）职责：统一运营和管控其出资或委托经营的子公司，承担经营目标任务，落实国有资本保值增值责任。

（3）功能：作为运营指挥中心和独立核算中心，负责制订实施业务规划和竞争策略，承担财务融资运营统筹、资源调配、创新研发、品牌建设等功能。

对于职能功能平台来说，具体包括以下内容。

（1）载体：特定功能性公司，组织形式为国有全资公司。

（2）职责：执行集团特定职能职责，如资金融通、资产处置、创新投资、协同共享等。

（3）功能：作为职能运作中心，包括财务共享中心、资产处置中心、风险投资中心、人力资源共享中心、数字化共享中心等法人平台。

3. 生产运营实体（三级）及其所属生产运营单元（如有）

（1）载体：生产运营公司，组织形式包括国有全资企业、混合所有制企业、产业发展平台内设事业部。

（2）职责：根据授权和契约化管理约定，对其所属资产进行日常经营和管理，承担利润实现或成本节约任务。

（3）功能：作为业务的具体生产运营主体，负责生产作业、成本管理、授权采购和销售等。

（二）精简高效的小总部

企业集团母公司应建设成为一个职责清晰、精简高效、运行专业的小总部，主要体现在以下几个方面。

（1）部门机构精简：战略管控型总部的职能部门和机构设置不宜过多，以确保高效运作。

（2）干部人员精简：应严格限制总部人员总数，避免过度膨胀，确保人员配置与管理的资产规模相匹配。

（3）管控事项精简：总部应制订对子企业的管控事项清单，并逐步整合、取消不必要的管控事项，以提高管理效率。

通过建立上述的三层管控架构和精简高效的小总部，国有资本投资公司能够更好地发挥其战略引领和资本运作的作用，推动国有资本的高效运作和保值增值。

（三）真正成为独立市场主体的子企业

国有资本投资公司各级子企业作为独立的市场主体，应依法自主经营、自负盈亏、自担风险、自我约束、自我发展，以出资额为限承担有限责任。这样的架构旨在确保国有资本投资公司在市场竞争中优胜劣汰，成为中国特色社会主义市场经济中最具生命力的微观主体。

为实现这一目标，国有资本投资公司应着重在以下几个方面进行改进和优化。

（1）深化企业改革：各级子企业需进一步深化改革，完善现代企业制度，建立健全法人治理结构，确保企业依法自主经营，真正成为市场竞争的主体。

（2）强化风险管理：企业应建立完善的风险管理体系，增强风险意识，提高风险防范和应对能力。通过自我约束和自我发展，确保企业在市场竞争中稳健经营。

（3）优化资源配置：国有资本投资公司应发挥资本运作的优势，通过优化资源配置，提高资本使用效率。同时，鼓励各级子企业积极寻找新的增长点，拓展业务领域，实现多元化发展。

（4）完善激励机制：建立健全的激励机制，激发各级子企业的积极性和创造力。通过设立合理的考核指标和奖惩机制，确保企业能够持续稳定地发展。

（5）加强监管和问责：国有资本投资公司应加强对各级子企业的监管和问责力度，确保企业依法合规经营。对于违法违规行为，应依法追究相关责任人的责任，维护市场秩序和公平竞争。

（四）以管资本为主的管控方式

国有资本投资公司应对二级子公司健全权责对等、运转协调、有效制衡的决策执行监督机制，建设规范有效的子企业董事会，委派专职董事，实现子公司外部董事占多数，促进董事会充分发挥功能作用，切实解决一些子企业董事会形同虚设、运作空转等问题。

国有资本投资公司应按照以管资本为主的管控要求，不断完善以战略管控和财务管控为主的管控模式，对二级子公司"一企一策"放权授权，不缺位、不越位，切实尊重和依法落实子公司的独立法人财产权和自主经营权。国有资本投资公司应建立内部"大监督"机制，实现党内监督与经营监管深度融合，出资人监督、业务监督、专责监督有序衔接，事前防范、事中跟踪、事后问效形成闭环，打通横向和纵向监督通道，整合资源、协同联动。

四、出资企业股权多元、干部职工激励约束到位的经营机制改革实践

国有资本投资公司要成为出资企业股权多元、干部职工激励约束到位的国企改革表率。要积极稳妥地推动子企业混合所有制改革和股权多元化，逐步打破子企业单一封闭的股权结构，积极推动具备条件的企业资产上市，并注重加强上市公司市值管理。要率先建立完善企业经理层成员的新型经济责任制，在具备条件的子企业推行职业经理人制度，健全内部中长期激励机制，塑造激励干部职工担当作为的良好环境。要强化内部约束，加强违法违规和重大损失责任追究，建立健全合规容错免责机制。

（一）股权多元化或混合所有制的子公司股权结构

国有资本投资公司的直接管理子公司（职能功能性公司除外）原则上应为股权多元化企业或混合所有制企业（含上市公司），最终目标是都成为上市公司。每个直接管理子公司作为某个战略业务单元的部分或全部，一般是商业发展平台，通过股权多元化或混改引入积极股东，优化董事会结构，对公司管理层和其他股东形成有

效制衡。对于职能功能性公司（或职能法人化公司），为完成集团总部赋予的特定功能（如资金归集、共享服务、专业研究等），可保持国有资本投资公司全资，以保证发挥功能的执行效率。

（二）市场化的激励约束机制

国有资本投资公司的子公司应全面实行经理层成员任期制和契约化管理，明确经理层的责任、权利和义务，严格任期管理和目标考核，有效打破职务终身制。

具备条件的子公司应全面推行职业经理人，建立现有经营管理者与职业经理人身份转换通道，实现市场化选聘、契约化管理、差异化薪酬、市场化退出。

国有资本投资公司的子公司应全面建立当期和中长期有机结合的激励约束机制，因企施策，运用上市公司股权激励、科技型企业股权和分红激励、混合所有制企业员工持股、超额利润分享、虚拟股权、项目跟投等方式，实现企业与骨干员工的利益和风险绑定。

（三）"三个区分开来"的容错机制

国有资本投资公司应全面落实"三个区分开来"重要要求，在集团体系内部建立有效的容错机制，宽容干部在工作中特别是改革创新中的失误。坚持按商业化原则判断是非，以较长周期客观综合评价功过，真正实现"把干部在推进改革中因缺乏经验、先行先试出现的失误和错误，同明知故犯的违纪违法行为区分开来；把上级尚无明确限制的探索性试验中的失误和错误，同上级明令禁止后依然我行我素的违纪违法行为区分开来；把为推动发展的无意过失，同为谋取私利的违纪违法行为区分开来"。

五、财务稳健、业绩优秀的运营企业改革表率

国有资本投资公司要成为资产财务稳健、经营业绩优秀的国企改革表率，要将资产规模发展到合理范围，既有较大规模，又不无序扩张。要保持良好经营业绩，在经营效益、运行效率、产品服务品质等方面处于行业领先水平。保持合理的资产负债率，持续防范化解重大风险，牢牢守住不发生系统性、颠覆性风险的底线。

（一）较大的资产规模

国有资本投资公司应拥有较大的资产规模，这样才能在国有资本运作中有足够的操作空间和和抗风险余地。作为国务院授权或国务院国资委授权的国有资本投资公司，资产总额大多在万亿元以上；市级及省级的国有资本投资公司资产规模一般都是千亿到数千亿的级别。

（二）超百亿的归母净利润

国有资本投资公司应创造较高水平的归属于母公司的净利润，以保障有足够的资金储备开展战略性投资并购。考虑到资产规模较大，即使按照较低的1%的资产回报率计算，省市级的国有资本投资公司的每年归母净利润也应在数十亿到百亿元。同时，国有资本投资公司应具有较高的子企业现金分红能力。

（三）合理水平的资产负债率

国有资本投资公司应控制好总体负债水平，始终保持较高的对外投资及融资、发债的能力，确保集团内部不发生系统性财务风险。尽管不同行业的企业资产负债率水平存在一定差异，但综合来

看，国有资本投资公司的实际资产负债率不宜超过80%。

第五节　国有资本投资公司的主要类型

国有企业功能界定与分类，是新时代国企改革的逻辑起点。国有资本投资公司也应适当分类，实施分类改革、分类发展，促进改革方向更精准、发展任务更聚焦。立足国有资本投资公司的功能定位和目标任务，结合不同国有资本投资公司在其核心主业领域中的不同作用，可将国有资本投资公司分为产业主导型和产业引导型两种细分类型。

一、产业主导型国有资本投资公司

产业主导型国有资本投资公司在国家经济发展中具有举足轻重的地位，它们承载着推动核心产业发展、保障国家经济安全的重大使命。这类公司通常聚焦于第一产业和第二产业（特别是工业领域）的关键领域，致力于在这些产业中发挥主导和控制作用，以追求产业影响力、控制力和全球竞争力为目标。

为了实现这些产业目标，产业主导型国有资本投资公司通常采用多种策略，包括但不限于提高产业集中度、化解过剩产能、提升自主创新能力等。通过这些措施，公司能够有效地推动产业升级、提高生产效率，并在全球市场中获得竞争优势。

作为国家在这些产业领域的捍卫者和主力军，产业主导型国有资本投资公司不仅要承担国有资本保值增值的基本责任，还要发挥促进产业转型升级、创新发展的支撑作用。它们通过引导资本流向、推动技术创新、优化资源配置等方式，为整个产业链的健康发展提供有力支持。

在经营过程中，产业主导型国有资本投资公司注重产业间的相关性，通过跨产业整合和协同发展，实现资源共享和优势互补。这种经营策略有助于提升公司的整体竞争力，并为国家经济的可持续发展提供坚实支撑。

总之，产业主导型国有资本投资公司在国家经济发展中扮演着重要角色，它们通过聚焦关键产业、发挥主导和控制作用、推动产业升级和创新发展等方式，为国家的经济繁荣和产业安全做出了重要贡献。

二、产业引导型国有资本投资公司

产业引导型国有资本投资公司确实承载着重要且动态的产业使命。它们不追求直接控制产业，而是专注于在核心主业领域发挥引导带动作用，强调产业创新能力、孵化能力和价值创造能力。这些公司通过科技成果转化、新兴产业培育、优化产业组合等方式，致力于实现产业目标，成为国家在这些产业领域的开拓者和轻骑兵。

产业引导型国有资本投资公司的核心主业往往布局在关系国家安全、国民经济命脉的第二产业和第三产业（特别是消费领域）。这些公司在经营领域覆盖的产业间相关性可能较弱，但它们通过跨领域、跨行业的投资与运营，推动产业之间的协同发展，实现资源的优化配置。

在承担国有资本保值增值责任的同时，产业引导型国有资本投资公司也积极承担推动产业发展的责任。它们通过引入先进技术和管理经验，提升产业的创新能力和竞争力；通过投资新兴产业，培育新的经济增长点；通过优化产业组合，推动产业结构的升级和转型。

与产业主导型国有资本投资公司相比，产业引导型国有资本投资公司更注重市场的灵活性和创新性。它们以法人独立、依法运作的市场主体身份，按照商业化原则从事国有资本运作，承担经营管理责任。同时，它们也积极运用市场化机制服务和落实国家战略，为国家的经济繁荣和产业安全做出重要贡献。

总体来看，无论是产业主导型还是产业引导型国有资本投资公司，都是国家经济发展的重要力量。它们通过各自的方式和策略，在推动产业升级、优化经济结构、提升国家竞争力等方面发挥着不可替代的作用。

第六节　国有资本运营公司
与一般国有集团公司的区别

国有资本投资公司是国企改革的"综合试验田"。根据《国务院关于推进国有资本投资、运营公司改革试点的实施意见》（国发〔2018〕23号），国资监管机构等政府主管部门支持国有资本投资公司所持股的国有控股企业在符合条件的前提下，优先开展混合所有制改革、混合所有制企业员工持股、职业经理人制度、薪酬分配差异化改革等改革试点，充分发挥各项改革工作的综合效应，推动国有资本投资公司成为国企改革的高地。

一、国有资本投资公司与国有资本运营公司的区别

国有资本投资公司与国有资本运营公司在目标和作用、资本运作方式以及集团管控模式上存在明显的区别。

1. 目标和作用

（1）国有资本投资公司：主要目标是服务国家战略、优化国有资本布局、提升产业竞争力。它们有明确的核心主业范围，追求在这些产业中的控制力和影响力。通过产业集聚、转型升级和化解过

剩产能等方式，培育核心竞争力和创新能力，带动产业链参与国际竞争，提高国际话语权。

（2）国有资本运营公司：主要目标是提升国有资本运营效率、提高国有资本回报。它们没有特定的核心主业范围，可根据国家产业政策和产业发展趋势，自主决定投资领域和环节，以获取最大的投资回报为主，不追求对特定产业的控制力和影响力。它们通过盘活国有资产存量、引导社会资本等方式，实现国有资本的合理流动和保值增值。

2. 资本运作方式

（1）国有资本投资公司：主要采取股权债权融资、产业投资、产业培育、资产重组整合等资本运作方式，主要围绕资金和资产进行运作。

（2）国有资本运营公司：主要采取股权运作、基金投资、培育孵化、价值管理、有序进退等资本运作方式，主要围绕企业股权进行运作。

3. 集团管控模式

（1）国有资本投资公司：建立以战略目标和财务效益为主的管控模式，对所持股企业的考核侧重执行公司战略和资本回报状况。这种管控模式使所出资企业更加注重集团总部设定的战略方向，有利于服务国家战略的实施落地。

（2）国有资本运营公司：建立财务管控模式，对所持股企业的考核侧重国有资本流动和保值增值状况。这种管控模式使所出资企业更注重自身的生产经营效率和效益，且具有更大的自主经营权，有利于股东获得更多的投资回报。

总的来说，国有资本投资公司和国有资本运营公司在各自领域扮演着不同的角色，共同推动国有资本的优化布局和高效运作。

二、国有资本投资公司与一般产业集团公司的区别

1. 功能定位和属性

（1）国有资本投资公司：作为国有资本投资运营主体，负责国有资本的市场化运作，不直接从事生产经营活动。

（2）一般产业集团公司：作为国有资产经营主体，直接从事生产经营活动，承担国有资产保值增值责任。

2. 承接放权授权

（1）国有资本投资公司：通常获得更多的授权放权，涵盖主业管理、非主业投资、产权管理等多个方面。

（2）一般产业集团公司：在授权放权方面相对较少，受到更多的直接管理和监督。

3. 集团管控模式

（1）国有资本投资公司：以资本为纽带，以产权为基础，建立战略目标和财务效益为主的管控模式。

（2）一般产业集团公司：多以战略管控和运营管控模式为主，对子企业实施更直接的管理。

4. 产业布局结构

（1）国有资本投资公司：拥有多元化业务，肩负孵化培育新产业、新业务的使命，优化国有资本布局。

（2）一般产业集团公司：围绕确定的主业从事生产经营和管理，严格限制非主业投资比例。

5. 综合改革任务

（1）国有资本投资公司：作为国企改革的"综合试验田"，承担更多综合改革任务，如混合所有制改革、员工持股等。

（2）一般产业集团公司：更聚焦于有限的改革试点，难以获得全面综合改革的政策支持。

第四章

市场主体的确立

国有资本投资公司要发挥国有资本布局优化和结构调整的功能，需要将所出资企业，特别是全资及控股的子企业塑造成真正的独立市场主体。子企业作为真正的独立市场主体，其产权处于可交易的状态，犹如一个个产权模块，可以根据需要任意组合配置。对于不同的产权模块，国有资本投资公司可以根据服务国家的战略需要，同其他国有资本投资公司、国有资本运营公司或产业集团公司进行资产置换，从而强化专业化经营优势，发挥规模经济效应。那么如何塑造真正的独立市场主体？先要明确独立市场主体的标准，再以打造真正独立市场主体为目标，建立股权多元、治理完善、机制灵活、环境支撑这"四个支柱"，通过内外并举，共同实现国有企业改革的目标。

第一节　建立独立市场主体的实践标准

成为真正的独立市场主体，促使国有企业真正成为依法自主经营、自负盈亏、自担风险、自我约束、自我发展的独立市场主体，是新时代国有企业改革的重要目标之一。

自主经营、自负盈亏、自担风险、自我约束、自我发展不是五个阶段，而是五个方面的法律要求和能力要求，应一体推进、一体提升。判断一个国有企业是否是真正的独立市场主体，不能笼统地回答"是"或"不是"，问题的关键在于"五自"独立市场主体的衡量标准。建立"五自"独立市场主体的实践标准，可从"五自"维度分别细化，通过具体的权利和能力作为支撑来表征。

一、自主经营

自主经营，要求企业拥有较为完整的自主经营权。企业可以在成为独立法人实体的基础上，由企业董事会或经理层自主地对企业内部财务融资、生产经营、内部管理等事项进行决策和实施。企业一般应具备以下基本条件和能力。

（1）按《公司法》注册或改制成为公司制企业，拥有独立法人财产权，可独立承担民事行为责任。

（2）具有独立融资能力，可自我筹集生产经营和投资所需资金，不依靠股东借款或担保负债经营。

（3）具有生产经营决策能力，可根据市场需求和竞争需要自主安排采购、生产、销售、研发等生产运营环节。

（4）具有内部管理决策能力，可根据经营管理需要自主决定机构设置、人员选聘、薪酬分配、绩效考核等管理安排。

二、自负盈亏

自负盈亏，要求企业独立地对自身的赢利或亏损负责。企业要以承担经济责任为重点，在产权清晰、权责明确的基础上，对自身的全部经营活动结果负责，实现国有资本保值增值。企业一般应具备以下基本条件和能力。

（1）具有独立财务核算能力，管理关系与法人关系一致，在人员、资产、财务、机构、业务方面同国有股东分开独立。

（2）具有持续赢利能力，可获得行业平均水平的资本回报。

（3）具有独立承担亏损能力，可依靠自身能力弥补历史亏损，无须股东买单。

（4）具有政企分开的资产剥离能力，能够不承担企业办社会职能，不被动支付企业办社会职能的成本费用。

三、自担风险

自担风险，要求企业独立承担来自外部环境与市场、内部经营与管理，甚至企业破产的风险，既包括系统性风险，也包括一般性风险。企业通常应具备以下基本条件和能力。

（1）具有独立承担经济、政治、科技、竞争等外部环境风险能力，不因外部环境变化而导致自我生存空间丧失。

（2）具有独立承担经营风险和财务风险能力，可承担因经营决策失误造成的重大损失，资产负债率、收入利息率等财务指标控制在合理范围内。具有并购重组整合能力，可对并购重组企业或资产有效整合，发挥协同价值，独立承担并购重组带来的整合风险。

（3）具有独立承担破产风险能力，公司股东能真正以出资额为限承担有限责任。

四、自我约束

自我约束，要求企业作为企业公民必须遵守法律底线，在外部和内部常态化监督中开展生产经营活动，并持续保持自身对组织人员和投资扩张的约束。企业一般应具备以下基本条件和能力。

（1）具有依法合规经营约束能力，可按照法律法规、外部监管等要求开展日常经营，照章纳税、依法治企。

（2）具有自我监督约束能力，保证内部财务、法律、审计、巡视、纪检等监督约束制度健全、机制运行有效，保障国有资产不流失。

（3）具有组织膨胀约束能力，可有效控制组织机构不断增加、人员规模不断扩大，始终保持较高的劳动生产率，避免机构臃肿、人浮于事。

（4）具有投资扩张约束能力，可有效控制盲目投资扩大生产经营规模、盲目扩大经营领域搞多元化、盲目对外并购重组，避免因对外扩张背上包袱，甚至影响企业生存。

五、自我发展

自我发展，要求企业具有保障企业永续经营、持续发展的条件和能力，包括灵活的体制机制、快速的决策反应、持续的创新能力和降本能力，并通过自我积累推动自身发展。企业一般应具备以下基本条件和能力。

（1）具有高效灵活的市场化经营能力，建立起股权结构多元、股东行为规范、内部约束有效、运行高效灵活的经营机制，实现管理人员能上能下、员工能进能出、收入能增能减。

（2）具有对内对外投资决策能力，可根据发展规划和经营计划需要，自主开展固定资产投资、股权投资等投资活动。

（3）具有商业模式创新能力和降本增效能力，可根据不断变化的外部环境调整优化商业模式、降本增效，以保障企业生存、简单再生产、扩大再生产、发展转型升级。

（4）具有可持续发展的自我积累能力，持续赢利并可依靠利润积累和自我融资持续开展新的投资，并通过优秀的经营管理使新的投资持续赢利，形成投资发展良性循环。

以上各条标准对"五自"独立市场主体进行了细化描述，当然还可以进一步细分。尽管每个国有企业的历史沿革、所处行业、经营特点各不相同，对"五自"独立市场主体的标准界定也不尽相同，但各个企业追求成为真正独立市场主体的目标是相同的，都应制订细分的实践标准，这样才能有的放矢，持续提升。

第二节　优化子企业股权结构，引入积极股东

一、引入社会化股东，探索混合所有制改革

对于一般经营性国有企业而言，产权结构确实对体制机制有着决定性的影响，而体制机制又直接关系到企业的活力与动力。长期以来，所有者缺位和内部人控制的问题确实是我国国有企业改革过程中所面临的难题。这些问题追根溯源，主要源于产权结构单一和股东有效监督的缺失。

混合所有制改革作为新时代国企改革的突破口，其重要性不容忽视。这一改革策略从产权层面入手，为破解国企改革难题提供了新的思路和方法。混合所有制改革通过引入非国有资本，实现国有企业股权的多元化，打破了原有的单一股权结构，进而改善了企业的治理结构和运营机制。

股权多元化是混合所有制改革的重要体现之一。通过引入多个具有不同实际控制人的国有股东，企业可以形成有效的股东和董事会监督机制，防止内部人控制现象的发生，同时也有助于共同维护国有资本的保值增值。这种股权结构的变化，使得企业的决策更加科学、合理，有助于提升企业的市场竞争力和创新能力。

在混合所有制改革和股权多元化的过程中，关键在于引入积极股东。这些股东应具备足够的实力、经验和能力，能够积极参与公

司的决策和监督，推动公司治理结构的完善。通过完善公司治理，企业可以更加有效地发挥董事会的决策作用和监事会的监督作用，为企业体制机制变革奠定坚实的治理基础。

总之，混合所有制改革和股权多元化是破解国有企业改革难题的有效途径。通过引入多元股东和积极股东，企业的治理结构和运营机制可以得到改善，进而增强企业的活力和动力，推动国有企业的持续健康发展。

国有资本投资公司积极推进子企业开展混合所有制改革，是深化国企改革、优化国有资本布局结构的重要举措。这种改革方式以资本为纽带、以产权为基础，旨在通过引入非国有资本，实现子企业股权的多元化，从而改善公司治理结构，提升市场竞争力。

在混合所有制改革过程中，其他积极股东参与子企业法人治理，将为国有资本投资公司作为单一大股东减轻管控压力、降低监督成本。这是因为多元股东的参与可以形成有效的制衡机制，避免单一股东对公司决策的过度干预，同时也能提高公司治理的透明度和规范性。

国有资本投资公司对子企业进行混合所有制改革的基本目标是直接管理的产业公司都成为股权多元化企业或混合所有制企业。这样的改革有助于推动子企业建立健全现代企业制度，提升管理效率和创新能力，进而增强市场竞争力。其最终目标是使所有子企业都成为公众公司（上市公司）。上市公司具有更加规范的治理结构、更加透明的信息披露制度以及更加广泛的融资渠道，这将有助于国有资本投资公司进一步提升资本运营效率，实现国有资产的保值增值。

为了实现这些目标，国有资本投资公司需要采取一系列措施，包括但不限于：

（1）筛选合适的子企业进行混合所有制改革，确保改革能够取得实效；

（2）引入战略投资者和财务投资者，优化子企业的股权结构；

（3）推动子企业建立健全现代企业制度，完善公司治理结构；

（4）加强与战略投资者的合作，共同推动子企业的转型升级和高质量发展；

（5）加强监管和风险控制，确保国有资产的安全和稳定。

依据企业实际情况，国有资本投资公司推进子企业混合所有制改革，可以先混后改，以"股权层面的混"倒逼"体制机制的改"；也可以先改后混，先做"体制机制的改"，为后面"股权层面的混"创造良好条件，提高混的质量和效率。

二、总体设计，制订子企业混改规划

国有资本投资公司推进子企业混合所有制改革，要坚持"三不"原则，即"不搞拉郎配，不搞全覆盖，不设时间表"，成熟一个推进一个。但坚持"三不"原则不等于被动无为。国有资本投资公司，特别是主业处于充分竞争行业和领域的商业类国有资本投资公司，要先行先试，积极探索，对符合条件的子企业优先支持开展混合所有制改革、混合所有制企业员工持股等其他改革试点，充分发挥各项改革工作的综合效应，积累可复制、可推广的经验。

（一）全面梳理，摸清基本情况

为了有效推进国有资本投资公司的混合所有制改革，首先需要对所出资企业进行全面系统的梳理和了解。

（1）企业总数与基本信息：统计全资、控股和参股企业的总数，并了解每家企业的基本信息，包括企业名称、注册地、成立时间等。

（2）公司章程与合资协议：收集并审查每家企业的公司章程和合资协议，了解企业的治理结构和运营规则。

（3）功能定位：明确每家企业的功能定位，如经营性企业、功能性企业、特殊目的公司等，以便在混合所有制改革中进行有针对性的策略设计。

（4）股权结构：了解每家企业的股权结构，特别是前五大股东的持股比例，以及国有资本的持股比例。

（5）企业层级：明确每家企业的法人层级和管理层级，以优化企业结构，提高管理效率。

（6）治理结构：了解每家企业的治理结构，包括党组织、董事会、监事会、经理层的构成和职责，确保治理结构的健全和有效。

（7）经营机制：详细了解每家企业的选人用人机制、薪酬分配机制、市场化用工机制、监督问责机制等，为改革提供有针对性的指导。

（8）经营情况：收集并分析每家企业近三年的资产总额、营业收入、净利润等经营情况，了解企业的经营状况和赢利能力。

（二）分类分层，确定持股原则

"分类混改"和"分层混改"策略为国有资本投资公司的混合所有制改革提供了清晰的方向和路径。

1. 分类混改

业务分类下的混改策略包括以下四个方面。

（1）商业一类子企业（充分竞争行业和领域）：应充分发挥市场机制作用，不设持股限制，灵活设置持股比例；通过引入非国有资本，增强企业活力和市场竞争力。

（2）商业二类子企业（重要行业和关键领域）：应保持国有资

本控股地位，确保国家对关键行业和领域的控制力；根据具体情况，可绝对控股或作为第一大股东相对控股。

（3）公益类子企业：应保持国有资本绝对控股，确保公益事业的稳定运行；同时，可推动具备条件的企业开展股权多元化，提高运营效率和服务质量。

（4）核心主业领域的重要子公司：应保持集团绝对控股或多个国有股东出资的国有资本绝对控股，以维护国家安全和产业安全。

企业功能分类下的混改策略包括以下三个方面。

（1）经营性企业：根据业务分类确定持股原则，灵活引入非国有资本，优化股权结构。

（2）功能性企业：保持国有资本全资或绝对控股，确保国家安全和信息安全。

（3）特殊目的公司：根据实际需要灵活确定持股比例，实现特定目标和功能。

2. 分层混改

分层混改以国有资本投资公司的股权层级二级和三级子企业为重点，尽量在高层级子企业混改，以涵盖更大资产规模、更多企业数量。

平台型子企业混改包括以下两个方面。

（1）上市为主要途径：在保持绝对控股或相对控股（第一大股东）的基础上，引入国有企业或民营企业作为积极股东，增强企业实力和市场竞争力。

（2）引入积极股东：通过引入具有产业协同、技术创新、市场资源等优势的股东，推动企业转型升级和高质量发展。

实体型子企业混改包括以下三个方面。

（1）增资引战：通过增资扩股方式引入战略投资者，为企业提供资金、技术、市场等方面的支持。

（2）骨干员工持股：鼓励和支持企业核心员工参与员工持股计划，增强员工归属感和企业凝聚力。

（3）相对控股：在保持国有资本相对控股地位的同时，充分发挥非国有资本的作用，推动企业快速发展。

通过分类混改和分层混改策略，国有资本投资公司可以更加精准地推进混合所有制改革，优化国有资本布局结构，提高国有资本的运营效率和竞争力。同时，也有利于激发企业的活力和创新力，推动国有企业实现高质量发展。

（三）一企一策，规划时间安排

一是确定推进混合所有制改革总体目标，比如国有资本投资公司所属资产或企业混改比例达到多少、上市资产比例达到多少、二级企业实现混改比例达到多少等。二是确定拟混改子企业名单，一企一策确定最低持股比例和具体混改方式。名单实施动态调整，对于新并购重组的子企业，如具备混改条件，则可纳入名单；对于因情况变化不再具备混改条件的企业，可调出名单。三是为拟混改子企业确定大致时间安排，对于重要里程碑节点要确定时间区间，如研究混改思路、制订混改方案、初步确定投资者、开展资产评估、完成股权交割等。在完成上述工作的基础上，形成推进子企业混改的总体规划。

三、规划与流程

1.确定推进混合所有制改革总体目标

首先，需要明确混合所有制改革的总体目标，这些目标应当与公司战略和国家政策紧密结合。具体目标可以包括：国有资本投资公司所属资产或企业混改比例达到预设的百分比，如达到70%或更高。上市资产比例达到预定的目标，以提高公司透明度和市场影响力。二级企业实现混改的比例达到预设目标，以促进公司整体混改进程。这些目标应当具体、可量化，以便跟踪和评估改革进展。

2. 确定拟混改子企业名单及混改策略

识别并筛选适合混改的子企业，考虑其业务性质、市场地位、发展前景等因素。对每一家拟混改的子企业，制订个性化的混改策略，包括最低持股比例、具体混改方式（如增资扩股、股权转让等）、预期引入的投资者类型等。对于新并购重组的子企业，如果具备混改条件，应纳入名单；对于因情况变化不再具备混改条件的企业，应适时调出名单。

3. 制订混改时间表及里程碑节点

为每家拟混改的子企业制订详细的时间表，确定关键里程碑节点，如研究混改思路、制订混改方案、初步确定投资者、开展资产评估、完成股权交割等，并为每个节点设定合理的时间区间，确保时间表具有足够的灵活性，以应对可能出现的延误或变化。

4. 形成推进子企业混改的总体规划

在完成上述工作的基础上，将各项计划整合形成一份完整的推进子企业混改的总体规划。该规划应包括以下内容：

（1）总体目标和分阶段目标；

（2）拟混改子企业名单及每家企业的混改策略；

（3）混改时间表及关键里程碑节点；

（4）风险评估和应对措施；

（5）监督和评估机制，确保混改进程按计划进行并达到预期效果。

通过上述总体规划，企业可以清晰地了解混改的方向、重点和时间节点，为成功推进混合所有制改革提供有力保障。

四、规范操作，严格把握混改关键环节

根据《中央企业混合所有制改革操作指引》，国有资本投资公司推进子企业混改的基本操作流程可按"可行性研究—制订混改方案—履行决策审批程序—开展审计评估—引进非公资本投资者—推进运营机制改革"六个步骤进行操作。在实际操作中还应注意把握以下重要环节。

1. 研究总体思路，厘清混改逻辑

混合所有制改革是一项重要的改革工具，是手段而不是目的，最终目的是助推企业发展。不能"为混而混"，既不能"为搞员工持股而混"，也不能"为搞形象工程而混"，更不能"为搞利益输送而混"。首先，拟混改企业要有清晰的战略方向和发展目标，要有明确的商业模式和发展路径。其次，要坚持问题导向，明确在推进战略落地的过程中存在哪些"瓶颈"问题，聚焦亟待解决的重点难点问题。最后，要确定好通过混改解决哪些问题，论证好混改的必要性和可行性。

2. 分步有序落实

混合所有制改革是一项综合性改革，既有股权结构改革，也有管理体制改革，还有经营机制改革，更有加强党的建设。对于改制重组的混改，可能还会涉及职工安置、土地、税务等诸多问题，具体来说包括以下几个方面。

（1）子企业混合所有制改革总体方案：对子企业混改进行框架性设计，明确为什么混、如何混、如何改等。具体内容包括子企业基本情况、战略定位和发展目标（包括经营目标）、发展遇到的主要

问题，混改的必要性和可行性、混改的主要思路和基本原则，以及引入非公有资本的标准和方式（包括定价原则），在完善治理、强化激励、突出主业、提高效率、加强党建等方面提出改革举措，改革风险评估和应对措施，推进实施工作台账（包括改革事项、时间节点、责任人/责任单位等）。对于较为复杂的混改设计，可以分为三个阶段。第一阶段资产重组（如需），清晰界定拟混改的资产边界，比如，将拟混改的资产重组到一个法人企业，或者将上市公司资产转为非上市资产等。第二阶段引入外部投资者，同步实施骨干员工持股或上市公司股权激励。第三阶段资产上市，引入公众投资者。

（2）引入外部投资者：核心内容是引入什么样的外部投资者，以及引入哪些具体的潜在投资者。具体内容包括：一是选择外部投资者的标准，如战略契合性、业务协同性、理念包容性、企业实力等。二是确定混改方式，如股权转让、增资扩股或出资新设等。三是具体的定价办法，如先做资产评估，再进入产权市场挂牌交易，以摘牌价格确定最终交易价格。四是初步确定投资者，明确达成初步意向的投资者有哪些、投资者相关背景、预计出资金额及持股比例等。

（3）章程修订及董事会监事会建设：核心内容是通过修订公司章程明确股东之间的权利义务，如何优化董事会、监事会结构，外部投资者有权推荐几位董事、监事，需 2/3 的股东或董事通过的公司重大事项有哪些等。

（4）机构改革与薪酬体系改革：核心内容是如何"瘦身健体"，进一步优化新的混改企业职能配置和机构设置，重新定岗定编定员，精简机构和人员，提高企业运行效率。探索建立工资总额预算备案制和周期制机制，优化薪酬结构，建立健全以岗位价值和业绩贡献为基础的激励机制，合理拉开收入分配差距，打破平均主义

"大锅饭"。

（5）骨干员工持股专项方案：核心内容是确定员工持股的激励对象、持股比例、持股价格、持股方式、流转规则等。对于非上市公司，可制订国有控股混合所有制企业员工持股专项方案；对于上市公司，可制订限制性股票专项方案等。主要目的是建立起骨干员工与企业风险共担、利益共享的机制，留住对企业最重要的干部和人才，让他们在企业工作有事业、有感情、有盼头。

（6）战略投资者业务协同专项方案：核心内容是混改企业同新进入的外部投资者在哪些领域和环节可开展业务协同，如技术协同、市场协同、财务协同、人员协同等，充分发挥投资者支持促进混改企业发展的协同价值。专项方案有效落地，可通过混改企业与外部投资者签署战略合作协议、业务合作协议等多种方式来体现。

以上混改方案是出于总体考虑，不必同步同时制订，在具体操作中，需总体谋划、分步实施。建议优先制订混改总体方案、加强党的建设专项方案，其他方案根据实际需要，成熟一项、制订一项。

3. 提高决策效率与明确责任分工

在子企业开展混合所有制改革的过程中，提高决策效率和明确责任分工至关重要。为确保混改工作的高效推进，同时避免错失改革时机并控制风险，以下是实践操作中可参考的思路和步骤：

（1）前期研究与论证：研究拟混改企业的改革总体思路，对混改的必要性和可行性进行深入论证。如需开展员工持股，应对照相关政策要求（如《关于国有控股混合所有制企业开展员工持股试点的意见》等），了解员工意愿，形成混改可行性研究报告。将混改可行性研究报告上报国有控股股东进行初步审批。国有控股股东应认真审核，确保报告符合政策要求和实际情况。

（2）国有控股股东决策与审核：国有控股股东根据职责权限进

行决策，或按内部流程上报至国有资本投资公司。国有资本投资公司应详细审核可行性研究报告，结合政策文件和企业实际情况，做出是否同意开展混改和员工持股的决策。若审核通过，国有控股股东应下达意见，同意子企业开展混改和员工持股，并要求子企业制订具体方案。若审核不通过，应要求子企业继续完善修改可行性研究报告，直至符合审核标准。

（3）子企业方案制订与上报：子企业在获得国有控股股东同意后，应在可行性研究报告基础上，制订混合所有制改革总体方案和主要专项方案。需要国有资本投资公司批准的专项方案应一并上报，其他方案后续备案。子企业应确保内部审议程序规范，充分讨论并审议通过混改方案后，正式上报至国有控股股东。

（4）国有资本投资公司决策与批复：国有资本投资公司应按照"三重一大"要求履行决策程序，对商业一类子企业的混改方案进行批复，对商业二类子企业的混改方案按有关政策要求上报国资监管机构审批。子企业依据股东批复意见履行法定程序，并组织实施混改方案。在实施过程中，应确保依法合规、控制风险，并及时向国有控股股东报告进展情况。

（5）责任分工与协同推进：子企业产权改革是股东的责任，国有控股股东应承担混改的主体责任，负责主导混改的全过程，包括遴选外部投资者、进场挂牌交易、修订公司章程等关键环节。子企业经营层应承担直接责任，提出改革思路、建议方案，并根据决策推进实施落地。同时，子企业应加强与国有控股股东的沟通协作，确保混改工作的顺利进行。

（6）总结与反思：在混改过程中，应不断总结经验教训，优化决策流程和工作机制。对于成功的混改案例，应及时总结和分享经验；对于存在的问题和不足，应深入分析原因，提出改进措施，确保混改工作不断取得新成效。

五、风险防控，提前采取应对措施

子企业实施混合所有制改革确实会面临多种不确定性和风险挑战。为全面评估这些风险并做好应对准备，以下是对引入外部投资者和体制机制变革可能带来的风险及其应对措施的详细分析。

1. 引入外部投资者可能带来的风险

（1）价值导向和管理风格差异：外部投资者与国有股东在合作经营过程中可能存在价值导向不一致、管理风格难融合的问题，导致文化融合难、决策效率低、混改企业利益受损。

（2）经营和债务风险牵连：外部投资者自身的经营和债务风险可能牵连到混改企业。

（3）战略与业务协同不足：战略投资者可能未能充分发挥其战略和业务协同价值，支持业务发展效果不明显。

2. 应对措施

（1）严格筛选战略投资者：组建专项小组负责引入工作，按照价值观一致、管理风格相近、发挥协同价值、企业稳健发展等原则选择合作对象。

（2）明确股东权利义务：在新的"公司章程"中明确股东各项权利义务，确保权利行使和义务履行的规范性和程序性。

（3）紧抓战略合作落实：与战略投资者签订合作协议，确保资金、技术、渠道、人才等协同价值的充分发挥。

（4）建立风险预警机制：定期跟踪战略投资者的经营状况和风险事件，制订风险应对措施，降低潜在风险对混改企业的影响。

3. 体制机制变革可能带来的风险

（1）管控模式调整挑战：管理体制调整可能对原有的管控模式

带来挑战，混改企业要求更多的自主经营权和决策自由度。

（2）员工利益调整和情绪影响：内部机制变革可能导致员工利益调整和不确定性，影响员工心理预期和情绪，甚至可能导致骨干人员流失。

4. 应对措施

（1）渐进式改革：在改革过程中采取渐进式策略，逐步放宽管控，确保混改企业在获得更多自主权的同时能够稳健发展。

（2）加强沟通与培训：加强与员工的沟通和培训，让员工了解改革的目的、意义和内容，增强员工的改革意识和适应能力。

（3）制订合理的激励政策：针对员工可能面临的利益调整和不确定性，制订合理的激励政策，确保员工在改革过程中得到合理的补偿和激励。

（4）留住核心人才：对于核心骨干人员，应制订更加优厚的激励政策，确保他们在改革过程中得到更多的关注和支持，降低流失风险。

通过以上措施的实施，企业可以有效降低混合所有制改革过程中可能面临的风险，确保混改工作的顺利推进。

第三节　健全子企业法人治理，夯实授权基础

健全完善子企业公司法人治理，是子企业建立中国特色现代企业制度的关键所在，是国有股东对企业授权放权的重要基础。国有资本投资公司应坚持"两个一以贯之"，通盘考虑、有序实施、守正创新，落实改革要求与自身实际需要相结合、立足当下与布局长远相结合、依法合规与探索创新相结合，确保实现坚持和加强党的领导，董事会应建尽建、配齐建强、规范运行、发挥作用。

一、以建立专职董事制度为重点，加强子企业董事会建设

健全国有企业公司法人治理结构，重点在于推进董事会建设。根据《中共中央、国务院关于深化国有企业改革的指导意见》，子企业董事会是国有资本投资公司实施集团管控的中枢，国有资本投资公司要在子企业建好董事会、用好董事会，为通过公司治理机制实施集团管控奠定良好基础。

（一）建立子企业董事会工作标准

为了确保子企业董事会的有效运作，国有资本投资公司应明确子企业董事会的设立标准。基于《公司法》的相关规定，结合公司实际情况，可进行如下要点的考虑：

（1）对于具有人财物等重大事项自主决策权的子企业，应设立董事会，以确保决策过程的科学性和民主性。

（2）对于以股份公司形式注册的子企业，应按照《公司法》的要求设立董事会，以符合公司治理结构的基本规范。

（3）对于股权多元化或混合所有制企业，设立董事会可以更好地平衡各方利益，促进企业的长期发展。

（4）对于不满足上述条件的子企业，可以考虑设立执行董事，以提高执行效率，避免形成董事虚职。

（二）建立完善的企业董事会

在明确了设立董事会的标准后，国有资本投资公司应进一步加强子企业董事会的建设，确保董事会能够有效地履行职责。具体建议如下。

1. 合理确定董事会构成和人数

子企业董事会应由执行董事、外部董事、职工董事组成，其中外部董事原则上应占多数。董事长和总经理原则上应分设，以确保权力的制衡与监督。董事会成员人数应控制在法定范围内，一般为7人以上，不超过法定人数，且以单数为宜。

2. 拓宽董事会成员来源

党委书记、党员总经理、专职副书记应进入董事会，作为执行董事。外部董事可包括上市公司独立董事、国有股东股权董事等，由股东推荐或委派。职工董事应通过职工代表大会选举产生，以体现职工利益。

3. 签订法律协议

国有股东代表应向子企业外部董事颁发聘书，明确其职责和权利。同时，子企业应与外部董事签订服务合约，确保双方权益得到保障。

4. 健全企业董事会支持机构

为支持董事会的决策工作，子企业应建立健全董事会下属的支持机构。对于上市公司或拟上市的子企业，应设立战略与投资委员会、提名委员会、薪酬与考核委员会、审计委员会等专门委员会。这些委员会应由外部董事组成，以确保决策的公正性和独立性。同时，应设立董事会秘书，负责董事会会议的筹备、文件保管以及信息披露等事宜。

（三）探索建立专职董事制度

随着国有资本投资公司管理模式的不断演进，建立以战略目标和财务效益为主的管控模式成为必然趋势。在这种模式下，子企业公司治理将成为国有资本投资公司行使股东职权的主要路径。然而，传统的"兼职董事"模式因其存在的责任不清、专注不够、精力不足和独立性不强等问题，已难以满足现代公司治理的需求。因此，探索并建立专职董事制度成为解决这些问题的有效途径。

专职董事制度是指国有资本投资公司向子企业委派专职履行董事职权的非执行董事。这些专职董事的工作将独立于其他日常职务，专注于履行董事职责，确保决策的独立性、专业性和权威性。专职董事的设立将有助于国有资本投资公司更有效地行使股东职权，参与子公司的重大决策，并监督经理层的履职情况。

1. 主要职权

（1）决策权：作为子企业董事会成员，专职董事在自身权限范围内的事项上，根据独立判断和专业知识，有权发表决策意见，并参与最终的决策过程。

（2）监督权：为了确保子企业的规范运营和经理层的履职情况，专职董事有权根据工作需要列席子企业内部各类会议，对经理层的日常工作、子企业的生产经营情况进行持续、有效的监督。

（3）建议权：面对子企业在改革发展过程中遇到的重大风险挑战、"三重一大"事项（重大决策、重要人事任免、重大项目投资和大额资金运作）以及国有资本投资公司提出的重要事项，专职董事可根据自己的专业见解和独立判断，向董事会或上级单位提出具有建设性的意见和建议。

（4）履行出资人监督职能：专职董事的首要职责是代表国有资本投资公司，对任职企业的董事会、经理层的运作情况以及企业的整体经营情况进行监督评价，确保决策的科学性和执行的有效性，从而维护国有资本投资公司和任职企业的合法权益。

（5）参与董事会会议：专职董事需依法参加任职企业的董事会会议，就会议讨论决定的事项发表意见，并承担相应的法律责任。

（6）运营情况研究与分析：专职董事需要对任职企业的运营情况进行深入研究、分析和监督，并定期向上级单位报告，以便上级单位及时了解企业的经营动态。

（7）提出议案与建议：基于对企业运营情况的深入了解和分析，专职董事需要提出具有战略性、创新性、有价值的议案和建议，帮助企业识别和解决存在的重大问题、重大风险。

（8）提议召开临时董事会会议：在特定情况下，如遇到紧急或重要事项，专职董事有权提议召开临时董事会会议，但需经 1/3 以上董事同意。

（9）提出缓开或缓议议题：当 1/3 以上董事或 2 名以上外部董事认为会议资料不充分或论证不明确时，专职董事可以书面形式联名提出缓开董事会会议或缓议董事会会议所议议题。

（10）列席重要会议：根据履行职责的需要，专职董事有权列席任职企业的重要会议，如总经理办公会、党委会等，以便更好地了解企业的运营情况和各项业务情况。

（11）要求提供资料：为了履行职责，专职董事有权要求任职企业提供生产经营情况、财务报表、决策文件等相关资料。

（12）独立表决权：在董事会会议上，专职董事有权根据自己的独立判断和专业知识，对各项议题进行表决，并承担相应的法律责任。

2. 专职董事的有效管理

坚持专业、专管、专职、专用原则，对专职董事进行有效管理。一是专职董事来源。可分为内部和外部两个渠道，内部渠道一般可从国有资本投资公司总部部门负责人、二级子公司负责人、其他重要子公司负责人等范围按照一定标准建立专职董事候选人员库；外部渠道一般可从科技、经济、法律、财务等领域具有专业背景的知名人士中择优选取。

二是专职董事选聘。改革方向是，由国有资本投资公司董事会下设的提名委员会根据拟任职公司情况提出差额适任人选，报董事会审议、任命。过渡做法是，由国有资本投资公司的组织人事部门根据拟任职公司情况提出建议人选，报集团党组审议、任命，子企业履行法定程序。每位专职董事同时服务的子企业一般不超过3家。

三是专职董事的考核评价。重点围绕行为操守、履职贡献、专项测评等内容。其中，行为操守主要对忠实履职、勤勉工作、廉洁从业等情况进行评价；履职贡献主要评价决策效果和价值贡献，包括敢于决策、建言献策，引领、支持经理层抓机遇、促改革、抓发展、增效益，以及在决策把关、风险防控等方面发挥作用的情况；专项测评包括专业素养、参会表现等方面的情况。

四是专职董事的培训。要组织提升专职董事履职能力的内外部培训，重点提升履职的战略决策能力、资源整合能力、风险管理能力和沟通协调能力。

3. 专职董事的工作支撑

专职董事有效履职行权，需要国有资本投资公司在中后台给予有效支持和服务。一是决策支持。专职董事对职权范围内的子公司董事会议案进行决策前，可书面征求国有资本投资公司相关职能部门的意见，参考反馈的意见建议，对决策事项发表个人意见。

二是协同支持。国有资本投资公司可搭建交流平台和沟通机制，为服务于不同子企业的专职董事相互交流沟通提供支持，相互学习、相互借鉴、提高效率。

三是事务支持。国有资本投资公司应明确具体的职能部门或机构对专职董事的日常性事务给予支持服务，如会议、差旅、培训等。

4. 专职董事的从业规范

专职董事应遵守《公司法》和任职企业公司章程，做到知情必报，及时、如实、完整地向股东报告重大事项以及与企业存在利益冲突的情形。要敢于科学决策，在决策把关和风险防控等方面充分发挥作用、体现价值。要保持应有的职业审慎，个人表决意见体现股东意志，符合企业利益，有利于企业经营业绩持续改善。严格遵守国有企业领导人员廉洁从业有关规定，严禁利用职务之便谋取不正当利益的行为，不得在任职企业获取未经股东批准的报酬、津贴和福利。在职权范围内行使权力，不得超越职权范围干预或者指挥相关事务。

二、以落实前置研究讨论为重点，发挥党委领导核心作用

健全完善中国特色现代企业制度，不仅是国有资本投资公司的重要改革任务，也是国有资本投资公司各级子企业的重要改革内容。关键是加强党的领导，有效发挥党委（党组）的领导作用。根据《国务院关于推进国有资本投资、运营公司改革试点的实施意见》（国发〔2018〕23 号），子企业党组织对上级党组织负责，一级对一级负责，严格落实国有资本投资公司党委（党组）的决策部署，支持本公司董事会（或执行董事）、经理层依法履行职责。

基于目前的改革实践，应注重加强以下两个方面的工作。

1. 合理安排岗位配置

子企业党委书记、董事长一般由一人担任；党委班子在 7 人及以上且下属企业设有党委的，应配置专职副书记、专职纪委书记；其他一般应配备分管党建工作的副书记或领导班子成员，副书记可兼任纪委书记。确因工作需要由控股股东企业领导人员兼任董事长

的，可由党员总经理任党委书记，也可单独配置党委书记，上级企业党组织必须指导下级企业党组织完善议事决策规则，发挥子企业党委在重大经营管理事项中的把关作用。不设董事会只设执行董事的有限责任公司，原则上党委书记和执行董事由一人担任；总经理单设且是党员的，应当任党委副书记。仅设党支部（党总支）的公司制独立法人企业，如具有人财物等重大事项决策权，可由本企业领导班子成员中的党员担任支部书记或支部委员，积极探索党支部（党总支）对重大经营管理事项进行集体研究把关。

2. 依规依纪规范履职

要按照国有控股股东与子企业的责权界面，清晰界定企业内部的党委会、董事会（或执行董事）、总经理办公会之间的责权事项，实现制度化、清单化、流程化、信息化。

第四节　深化干部人事制度改革，建设高素质干部人才队伍

企业改革的本质，究其根源，是人的改革。这不仅是对企业内部结构的调整，更是对员工思维、机制和利益分配的深刻变革。国有企业作为国民经济的重要支柱，在全面深化改革的过程中，更是肩负着破除不合时宜的思想观念和体制机制弊端，突破利益固化的藩篱的重任。

这一变革过程并非易事，它涉及企业内部干部员工的思想进步、机制创新和利益调整。改革的成功，离不开全体干部员工的理解、支持和推动。只有当员工真正认识到改革的必要性，积极参与其中，才能使企业真正受益，同时也使自身受益。

对于国有资本投资公司而言，推动集团总部和各级子企业的干

部人事制度改革，是加快企业改革步伐、实现新突破的关键。这要求公司不仅要从制度层面进行创新和改革，更要从人的角度出发，关注员工的思想动态，激发其积极性和创造力。

一、全面推行任期制和契约化管理，建立新型经济责任制

在深化国有企业改革的过程中，全面推行经理层任期制和契约化管理是关键的一步。这一管理方式旨在通过建立固定任期和明确的契约关系，激发经理层成员的责任感和紧迫感，推动企业的持续健康发展。

（一）任期制与契约化管理的核心意义

任期制和契约化管理是国有企业干部管理的重要创新。通过设定明确的任期，任期制和契约化管理打破了传统的干部职务终身制，使经理层成员更加珍视和重视任期内的工作表现。同时，通过签订契约，明确双方的权利和义务，改革强化了责任意识和契约精神，有利于提升企业的管理效率和执行力。

（二）实施原则与方式

1. 实施原则

（1）岗位聘任、明确期限：根据企业的实际需要和岗位特点，设定明确的任期，并通过聘任协议明确双方的权利和义务。

（2）任期届满、综合评价：在任期结束后，对经理层成员进行综合评价，评估其工作表现和业绩成果。

（3）业绩导向、奖惩分明：将业绩作为考核的核心标准，对表现优秀的给予奖励，对表现不佳的采取相应的惩罚措施。

2. 实施方式

（1）综合实行选任制、委任制、聘任制：根据子企业的不同类别层级和干部职务类型，灵活选择选人用人方式。

（2）明确岗位职责和任职条件：根据岗位特点和发展需要，明确经理层管理岗位的职责和任职条件。

（3）签订聘任协议：在明确岗位职责和任职条件的基础上，与经理层成员签订聘任协议，明确任期、薪酬、考核标准等内容。

（4）严格考核与兑现薪酬：在任期内，对经理层成员进行严格的年度考核和任期考核，并根据考核结果兑现薪酬。

（5）综合评估与连任机制：在任期结束后，对经理层成员进行综合评估，评估合格的可以连任，不合格的则退出岗位。

（三）任期制和契约化管理的优势

（1）增强责任意识：通过设定明确的任期和签订契约，使经理层成员更加明确自己的职责和使命，增强责任意识和紧迫感。

（2）激发创新活力：在有限的任期内，经理层成员需要不断创新和进取，以取得更好的业绩成果，从而激发创新活力。

（3）提升管理效率：通过明确的契约关系和严格的考核机制，提升企业的管理效率和执行力。

（4）促进人才流动：打破干部职务终身制，有利于人才的合理流动和优化配置，为企业注入新的活力。

总之，全面推行任期制和契约化管理是国有企业改革的重要举措之一。企业通过这一管理方式，可以激发经理层成员的积极性和创造力，提升企业的管理效率和竞争力，为企业的持续健康发展奠定坚实基础。

二、坚定推进市场化选人用人机制，推动能上能下常态化

在国有企业改革的进程中，坚定完善市场化选人用人机制，是推动企业持续健康发展的关键举措。通过构建公平公正的用人环境，强化劳动合同管理，加强员工职业培训，以及合理控制用工总量，企业可以有效提升人事效率，实现能者上、优者奖、庸者下、劣者汰的用人格局。

1. 强化公开招聘、竞争上岗，健全公平公正用人环境

国有资本投资公司应建立职位开放制度，除特定岗位外，原则上全面推行企业中层及以下岗位的公开招聘和竞争上岗。通过这一方式，企业不仅可以吸引更多高素质、有能力的人才加入，还能促进人才在集团范围内的有序流动。同时，依据经理层成员任期制和契约化管理的考核结果，严格实行末位调整和不胜任退出等制度，确保岗位与人员能力的匹配。

2. 强化劳动合同管理，打破体系身份界限

企业应建立健全以合同管理为核心的各类用工制度，明确双方的权利义务，通过细化劳动合同条款，包括期限、工作内容、劳动纪律、绩效要求以及续签、解除合同条件等，强化劳动合同对员工能进能出的重要作用。对于违法违规、违反企业规章制度或不胜任岗位要求的员工，应严格履行法律法规要求的相关程序，依法解除劳动合同。

3. 加强员工职业培训，支持提升专业技能

企业应坚持以人为本，做好员工职业生涯规划，通过加强基础人才队伍建设，强化高层次领军人才培养和战略性人力资本储备，不断提升员工的综合素质和专业技能。同时，加强职称评审管理和

专业资格认证，促进员工职称和岗位聘任的紧密结合，为员工提供更多的职业发展空间和机会。

4. 加强用工总量控制，持续提高人事效率

企业应结合产业结构调整和企业发展的需要，合理控制用工总量，通过统筹做好人才引进与富余人员安置工作，确保人力资源的合理配置和高效利用。同时，对于因产业结构调整而实施的企业关停并转，应妥善处理富余员工的分流安置问题，体现企业的人文关怀和社会责任。

三、探索建立推行职业经理人制度，促进身份管理市场化

在深化国有企业改革的背景下，探索建立推行职业经理人制度，对于促进身份管理市场化、提高企业经营管理的专业化和职业化水平具有重要意义。职业经理人是按照"市场化选聘、契约化管理、差异化薪酬、市场化退出"原则选聘和管理的，他们凭借丰富的管理经验、专业的知识技能，在充分授权的范围内确保实现企业的经营目标。

1. 职业经理人制度的重要性

（1）市场化选聘：通过市场化选聘，可以吸引更多具有丰富经验和专业技能的优秀人才加入国有企业，提升企业的整体竞争力。

（2）契约化管理：明确职业经理人的权责利，确保其在授权范围内独立决策、自主管理，实现企业的长期稳定发展。

（3）差异化薪酬：根据职业经理人的工作表现和市场价值，制订具有竞争力的薪酬体系，激发其工作积极性和创造力。

（4）市场化退出：建立职业经理人的退出机制，对于表现不佳或不符合企业发展需要的人员进行及时调整，确保企业的人力资源

始终保持在最佳状态。

2. 推行职业经理人制度的策略

（1）坚持党管干部、党管人才原则：在推行职业经理人制度的过程中，要确保党的领导和党的建设工作得到有效落实，确保企业的正确发展方向。

（2）行业特点、企业需要、个人意愿相结合：在具备条件的子企业中，根据行业特点、企业发展战略和个人意愿等因素，积极探索适合本企业的职业经理人制度。

（3）完善配套措施：建立健全职业经理人的选拔、培养、考核、激励和约束机制，确保职业经理人在企业中的作用得到充分发挥。

（4）加强培训和教育：加强对职业经理人的培训和教育，提高其专业素养和管理能力，确保其在企业中的管理水平和能力得到有效提升。

3. 注意事项

（1）适用范围有限：职业经理人制度可能并不适合所有国有企业，特别是在一些特殊行业或特定阶段的企业中。因此，在推行职业经理人制度时，需要结合企业的实际情况进行具体分析。

（2）确保企业稳定：在推行职业经理人制度的过程中，要确保企业的稳定运营和员工的合法权益得到保障，避免因制度变革而带来的不必要风险。

总之，探索建立推行职业经理人制度是国有企业改革的重要举措之一。通过市场化选聘、契约化管理、差异化薪酬和市场化退出等方式，国有企业可以吸引更多优秀人才加入，提升企业的整体竞争力和管理水平。同时，在推行过程中需要坚持党管干部、党管人才原则，结合企业实际情况进行具体分析，确保企业的稳定运营和员工的合法权益得到保障。

第五节　深化薪酬分配制度改革

健全完善、科学合理的薪酬分配制度是建立中国特色现代企业制度的重要内容，事关国有企业的健康发展，事关国有企业干部员工的切身利益。国有资本投资公司应在推进子企业深化改革中突出正向激励的导向作用，鼓励企业和员工共同做大蛋糕、分好蛋糕。

一、完善工资总额管理机制，促进薪酬分配差异化

随着国有资本投资公司改革的不断深入，完善工资总额管理机制，促进薪酬分配差异化，已成为激发企业活力、提升管理效率的关键举措。

1. 效益决定工资总额

坚持企业效益增长与工资总额增长同向联动，确保在企业经济效益提升的同时，员工劳动报酬也能得到相应提高。这有助于增强员工的归属感和工作积极性，推动企业持续健康发展。

2. 效率决定收入增长

建立健全工资与效率挂钩的机制，鼓励员工提高工作效率，实现个人收入与企业效益的同步增长；通过设立合理的绩效考核体系，将员工的工作效率与薪酬水平直接挂钩，激发员工的创新精神和竞争意识。

3. 薪酬对标与人工成本效能调节

推行薪酬对标管理，通过与同行业、同类型企业的薪酬水平进行比较，合理确定本企业的薪酬水平。同时，建立健全人工成本效能调节机制，根据企业人事费用率、人工成本利润率等指标进行对标评价，合理调整工资总额预算水平。这有助于企业控制人工成本，提高经济效益。

4. 合理拉开工资分配差距

合理拉开工资分配差距，重点向关键岗位、生产一线岗位和紧缺的高层次、高技能人才倾斜；通过设立不同层级的薪酬标准，体现不同岗位、不同能力员工的价值差异，激发员工的进取心和竞争意识。同时，对于表现优秀、业绩突出的员工，可以给予额外的奖励和晋升机会。

5. 市场化薪酬对应市场化身份

对于市场化选聘的经营管理者和职业经理人，实行协议工资制、年薪制等市场化薪酬政策。这有助于吸引和留住优秀人才，提升企业的管理水平和市场竞争力。同时，企业通过市场化薪酬政策的实施，可以促进企业内部员工身份的转换和市场化改革。

6. 建立激励机制与约束机制

在完善工资总额管理机制的同时，还要建立相应的激励机制和约束机制；通过设立绩效考核体系、员工持股计划等方式，激发员工的工作积极性和创新精神。同时，建立健全内部控制制度和风险管理体系，确保企业薪酬分配的合规性和风险可控性。

二、中长期激励在国有资本投资公司中的应用与策略

中长期激励作为薪酬激励的重要组成部分，在引导骨干员工关注企业长远利益、吸引和留住优秀人才、建立企业与员工的风险利益共同体等方面具有不可或缺的作用。在国企改革的大背景下，国有资本投资公司应积极响应，依据现有改革政策和国资监管机构的相关授权，综合运用多种中长期激励方式，走在国企改革前列，发挥引领示范作用。

1. 中长期激励的重要性

中长期激励旨在将员工的个人利益与企业的长远发展紧密绑

定，鼓励员工以更长远、更全面的视角来思考工作，从而促进企业的持续健康发展。通过实施中长期激励，引导员工关注企业的长远利益，增强企业的凝聚力和向心力；同时，吸引和留住更多的优秀人才，为企业的长远发展提供坚实的人才保障。

2. 中长期激励方式的选择与应用

（1）上市公司股权激励：对于符合条件的上市公司，可以通过授予员工股票期权或限制性股票等方式，将员工的个人利益与公司的股价表现紧密挂钩，从而激发员工的工作积极性和创造力。

（2）科技型企业股权和分红激励：对于科技型企业，可以通过授予员工股权或提供分红激励，鼓励员工积极投入研发和创新工作，推动企业的技术进步和产业升级。

（3）混合所有制企业员工持股：在混合所有制企业中，可以通过员工持股计划，让员工成为企业的股东之一，从而增强员工的归属感和责任感，促进企业的稳定发展。

（4）超额利润分享：对于业绩突出的企业，可以设立超额利润分享计划，将超出预期的部分利润按照一定的比例分配给员工，以此激励员工为企业的持续发展贡献力量。

（5）项目跟投：在特定项目中，可以鼓励员工以自有资金进行跟投，将员工的个人利益与项目的成败紧密挂钩，从而激发员工的积极性和创造力。

3. 混改员工持股的审批权

在混合所有制改革过程中，员工持股是一个重要的环节。国有资本投资公司可以根据自身的实际情况和需要，向国资监管机构申请员工持股的审批权。通过自主审批员工持股计划，企业可以更加灵活地设计激励方案，更好地满足员工的利益需求，同时也有助于加强企业与员工之间的风险利益共同体建设。

4. 走在国企改革前列，发挥引领示范作用

国有资本投资公司应积极响应国家关于国企改革的号召，勇于探索和实践新的激励方式和方法。通过综合运用多种中长期激励方式，激发员工的工作积极性和创造力，推动企业的持续健康发展。同时，作为行业内的领军企业，国有资本投资公司还应积极发挥引领示范作用，带动其他企业共同探索和实践新的激励方式方法，共同推动国企改革的深入发展。

第五章

建立以管资本为主导的集团管控模式

第一节　优化集团管控模式的关键：
解决两层关系问题

在推进国有资本授权经营体制改革的过程中，解决"两层关系"问题成为关键所在。这两层关系分别是出资人代表机构（国资监管机构）与国有资本投资公司之间的关系，以及国有资本投资公司与所出资企业之间的关系。这两层关系的妥善处理，是实现政企分开、权责明确，以及科学合理地处理政府与国有企业关系的基础。

首先，解决"第一层关系"的核心在于出资人代表机构向国有资本投资公司进行合理授权放权。通过"授权"，国资监管机构授予国有资本投资公司对国有资本的自主经营权和部分出资人职权，使其能够按照市场规律和企业发展规律自主决策、自主经营。通过"放权"，将公司董事会、经理层的法定职权放还给国有资本投资公司，确保其在授权范围内拥有充分的经营自主权。

其次，解决"第二层关系"的关键在于国有资本投资公司如何建立起适应以管资本为主的集团管控模式。这一模式要求国有资本投资公司既要充分授权放权给所出资企业，授予其对国有资本的经营权，并将出资企业董事会、经理层的法定职权放还给企业，实现对所出资企业的层层松绑，又要加强监管，确保国有资产的安全和保值增值。

在实践中，在明确改革目标、原则与路径的基础上，应建立战略管控与财务管控相结合的集团管控模式。这种模式要求集团总部在宏观上把握战略方向，确保子企业的发展符合集团整体利益；在微观上则通过财务管控手段，确保子企业的财务安全和稳健运营。

同时，放管结合、加强监督也是优化集团管控模式的重要环节。集团总部在授权放权的同时，要建立健全监管机制，确保子企业在授权范围内规范运作，防止国有资产流失和权力滥用。此外，还要加强内部控制和风险管理，确保集团整体运营的安全和稳健。

需要指出的是，"管人管事管资产"或"以管资本为主"的管控模式与运营管控、战略管控或财务管控的管控模式并不矛盾。它们只是看问题的视角不同，但最终都以集团总部对子企业的授权放权清单具体体现为准。在实践中，应根据企业的实际情况和发展需要选择合适的管控模式，并不断优化和完善。

第二节　国有资本投资公司集团管控的目标、原则与路径

一、集团管控的总体目标

国有资本投资公司在当前及未来的发展中，面临着优化管控对象、调整管控内容、改进管控路径的重要任务。为实现集团管控的现代化和高效化，需要努力实现"三个转变"，确保国有资

本所有权与经营权进一步有效分离，为企业的持续发展奠定坚实基础。

1. 管控对象的转变

国有资本投资公司的管控对象需从传统的"管人管事管资产"向"以管资本为主"转变。这一转变旨在将管理重心放在资本的有效配置、运营和增值上，减少对具体事务和人员的直接管理，提升管理效率和市场响应速度。通过优化资本配置，国有资本得以合理流动和高效利用，从而推动企业的整体发展。

2. 管控内容的转变

在管控内容上，国有资本投资公司需从过去的"战略管控和运营管控相结合"向"战略管控和财务管控相结合"转变。这一转变旨在突出战略引领和财务监督的作用，通过制订和实施科学的战略规划，确保企业的发展方向与目标符合国家的宏观政策和市场需求。同时，加强财务管控，能够确保企业的财务状况稳健、透明，降低经营风险，保障国有资本的安全和增值。

3. 管控方式的转变

在管控方式上，国有资本投资公司需从传统的"机关化的行政指令"向"法治化的公司治理"转变。这一转变要求企业建立健全公司治理结构，完善董事会、监事会等治理机构，确保各机构间职责明确、相互制衡。通过法治化的公司治理，企业的决策更加科学、民主、规范，可以减少人为干预和主观臆断，提升决策的质量和效率。同时，加强内部监督和外部审计，能够确保企业依法合规经营，防范和化解各类风险。

总之，通过实现"三个转变"，国有资本投资公司可以进一步优化集团管控模式，提升管理效率和市场竞争力；同时，也有助于实现政企分开、权责明确的目标，推动国有资本投资公司向市场化、专业化、国际化的方向发展。

二、集团管控的基本原则

1. 坚持党的领导，完善治理

完善中国特色现代企业制度，把党的领导融入子企业公司治理的各个环节，把企业党组织内嵌到公司治理结构之中，确保党和国家的方针政策、重大决策部署在各级子企业有效贯彻执行。下级党组织是上级党组织的下一级组织，必须服从上级党组织的领导。

2. 坚持体制创新，分类施策

依法合理界定国有资本投资公司与所出资企业的权责边界，健全权责利相统一的授权链条，保障所出资企业享有完整的法人财产权和充分的经营自主权，承担国有资产保值增值责任。针对不同类型出资企业的实际特点和需要，一企一策放权授权，应放尽放、可授尽授，权责匹配、动态调整。

3. 坚持分步实施，有序推进

深化国有资本授权经营体制改革是一个系统工程，既不能一蹴而就，也不能裹足不前，需要有计划、有步骤地设计和实施。国有资本投资公司对子企业放权授权，要先创造好条件，在具备条件的子企业优先试行，成熟一家，授权一家，放权授权由少到多、由窄到宽，最终实现全面落实子企业董事会职权。

4. 坚持管理分级，监督穿透

国有资本投资公司在对子企业放权授权的同时，也要对子企业强化监督，经营权利下移、监督权利上移。放权授权到哪里，强化监督就要同步到哪里，确保监督穿透到基层、一竿子插到底。对于放权授权事项，应更加注重事前制度规范、事中过程监控、事后执纪问责，防止乱用权、滥用权造成国有资产损失。

三、集团管控的主要阶段

按照瞄准方向、积极稳妥的推进思路，优化集团管控可具体分为三个阶段有序推进。

1. 夯实基础，做好准备

注重统一思想，达成上下共识，确定集团总部与子企业责权界面，建立对子企业放权授权评估模型，培育提高子企业行权能力等基础工作。

2. 试点先行，建章立制

注重对条件成熟的二级企业（优先选择上市公司）开展放权授权试点，结合企业实际，逐步扩大放权授权的广度和深度，并推动二级企业对三级企业放权授权，同步完善监督机制；根据试点探索，研究制订对子企业放权授权管理法、监督工作机制实施方案等配套制度及方案，通过试行逐步完善。

3. 总结经验，全面推广

注重在总结放权授权试点经验基础上，对更多具备条件的子企业放权授权，逐步实现对全部二级企业应放尽放、可授尽授。同时，进一步完善授权管理和强化监督的相关制度，促进改革后的集团管控模式更加成熟定型。

通过以上阶段，基础条件较好的国有资本投资公司用3年左右时间，基础条件较差的国有资本投资公司用5年左右时间，都可基本实现总体目标。

第三节　积极稳妥对子企业授权放权

"一管就死、一放就乱"是传统国企集团公司的两难困境。在国有资本投资公司改革试点中，按照"确权、授权、行权、动态优化"的总体思路，集团总部对所出资企业逐步授权放权，是一种可行性强和稳妥性高的策略。

一、梳理确立集团责任权力清单

建立国有资本投资公司的权责事项清单，主要目的是清晰界定集团总部与二级子企业的权责界面，这是企业层面深化国有资本授权经营体制改革的重要任务，也是国有资本投资公司对子企业放权授权的基础工作。一般而言，集团总部的责权具体体现在各项集团的规章制度中，每一项规章制度都体现了一项集团总部的管理权力。梳理建立明确的集团总部责权事项清单，可以让总部权力显性化地集中展示。每一个总部责权事项就像一个"阀门"，打开或关闭、开大或关小都可根据放权授权来灵活调节。建立总部责权事项清单，可通过三步完成。

（一）确定工作牵头部门，明确工作原则

组织保障是工作落实的基础，定好做什么之后，首先要确定负责落实的部门和人员。按照部门功能和职责划分，一般可安排公司治理部门牵头组织推动。其次要确定工作原则，充分考虑集团实际开展工作。

一是宜全不宜偏。全面梳理集团公司对子企业的责任权利事项，要涵盖全部集团公司对子企业的管控事项，包括决定事项、审批事项、备案事项等，确保全覆盖、无遗漏。

二是宜细不宜粗。开展集团公司管控事项梳理，特别是首次开展时，要把每条事项尽可能细化，不宜过于笼统宽泛。比如，投资事项可分为固定资产投资、股权投资，其中固定资产投资可细化为

日常维修技术改造类、扩大再生产新项目类等；股权投资可细化为新设控股子企业、对控股子企业增资、控制性股权并购重组、参股性股权投资等。后续在动态修订清单中，可将事项进行整合，通过合并相似相近事项，使集团管控事项数量逐步精简。

（二）开展工作动员部署，明确方法要求

建立集团公司责任权利清单可作为一项专项工作，由牵头部门发起，集团总部各部门、各二级企业广泛参与，进行统一动员部署，确定工作方法和时间节点。按照统一的格式模板，由各部门对集团各项规章制度、政策、文件（包括决定、通知、纪要、领导批示等）进行全面梳理，将其中涉及集团公司对子企业的管控事项、管控方式（决定、审批、备案等）、主责部门／机构等逐项整理，由专项工作牵头部门汇总，整理成一张事项清单（首次梳理一般有200项左右）。

（三）履行内部决策程序，对内印发试行

对集团公司责任权力清单征求二级企业意见建议，重点确认集团总部与每个二级企业的责权边界是否准确；牵头部门综合考虑集团总部部门与二级企业的意见，对清单进一步完善。按照集团内部决策流程，对集团责任权力清单提请集团总经理办公会审核、党委（党组）会研究讨论、董事会决策。经决策批准后，对内印发试行。每年对责权清单定期修订，将集团总部对各二级企业的授权放权、集团制度和政策调整等一并体现在清单中。

二、分类分级精准，有序授权放权

一般而言，从产业集团公司转型而来的国有资本投资公司，全

资、控股和实际控制的所出资企业数量较多，少则几百家，多则上千家，子企业的情况千差万别。因此，国有资本投资公司对子企业授权放权应先确定授权原则，分类分级开展，体现差异化。

（一）确定授权放权工作原则

1. 坚持权责法定

按照依法治企要求和关于改革国有资本授权经营体制的部署，国有资本投资公司将明确一定金额的国有资本的经营权，授予二级子企业行使，并将《公司法》等法律法规明确规定的公司董事会职权，放权归位于子企业。

2. 坚持权责匹配

国有资本投资公司在对子企业授权放权的同时，要明确子企业承担的责任，包括实现国有资本保值增值、完成股东确定的经营任务和战略目标、防范控制风险等，确保子企业获得的经营管理权限与承担的责任相匹配。

3. 坚持分类分级

对放权的对象分类，考虑子企业的不同类型；对放权的内容分类，考虑事项权限范围的不同类型；对放权的权属层级分类，考虑股东（会）职权事项、董事会职权事项、经理层职权事项等不同类型。对授权对象主体分级，国有资本投资公司对二级企业授权放权，二级企业对三级企业授权放权，逐级放权实现逐级松绑、压实责任。集团公司将延伸到二级企业以下管理层级控制企业的管理权，原则上交由二级企业行使。

4. 坚持"一企一策"

根据集团战略中对不同业务类别的划分，综合考虑外部监管、业务类型及规模、企业管理成熟等因素，对不同子企业授予不同权责,"一企一策"制订授权放权清单。

（二）明确授权放权事项内容

一是明确授权。国有资本投资公司要明确对拟授权子企业授予国有资本的经营权，国有资本的金额是国有资本投资公司对该子企业的实际出资金额（股权）和借款金额（负债）的总和。要明确该子企业对这些国有资本承担经营责任，履行保值增值职责。国有资本投资公司也将以该总金额为基础，计算国有资本投资收益率。

二是给予放权。重点在于落实子企业董事会法定职权，特别是企业自主经营管理权。按照《公司法》有关规定，结合企业实际需要，国有资本投资公司作为所出资企业的直接股东和实际控制人，可将重要放权事项分为八个方面的有关权利，即投资决策权、资产转让权、财务事项权、选人用人权、薪酬分配权、业绩考核权、机构设置权、制度管理权。

1. 投资决策权

投资决策权在国有企业的运营中扮演着举足轻重的角色，它直接关系到企业的长期发展战略和资源配置。投资决策权的行使和放权机制具有复杂性和多样性，需要考虑多个因素，以确保决策的科学性和合理性。

首先，投资决策权的分类（如固定资产投资类、股权投资类等）以及进一步的细分（如新增产能类、非新增产能类等）有助于企业根据自身的发展需求和市场环境进行精准的投资选择。这样的分类和细分使得投资决策更加具体、有针对性，提高了投资效率。

其次，关于投资放权的具体方式，投资金额绝对值画线和相对值画线各有优缺点。绝对值画线方式简单明了，但容易固化；相对值画线方式便于动态调整，但相对烦琐且不够直观。企业在选择放权方式时，应根据自身的实际情况和发展需要，权衡利弊，选择最适合自己的方式。

此外，对于投资放权的考虑因素，如资金来源、管理层级、是否为主业等，也是非常重要的。这些因素直接关系到企业的投资能力和风险控制能力。如果子企业的投资不是使用自有资金，或者其管理层级较低，或者其投资不属于集团确定的主业投资范围，那么就应考虑适当降低或限制投资放权企业的自主决策金额线。

最后，需要强调的是，投资决策权的行使和放权机制不是一成不变的，应随着企业的发展和市场环境的变化而不断调整和优化。企业应建立健全投资决策机制，加强对投资决策的监督和评估，确保投资决策的科学性和合理性。同时，企业还应加强风险管理和内部控制，确保投资活动的安全性和稳健性。

2. 资产转让权

资产转让权也称为资产脱售权，是企业在运营过程中一项重要的权利。它主要涵盖了子企业对所持有的投资企业股权、生产设备、房产、在建工程以及土地使用权、知识产权等资产的对外转让行为。这些资产转让活动不仅影响企业的资产结构和运营效率，更关系到企业的长期发展战略和市场竞争地位。

对子企业处置其所属资产给予一定程度的放权，是确保子企业拥有完整法人财产权的重要体现。这样的放权策略有利于提高资产处置效率，使子企业能够更加灵活地根据市场变化调整资产结构，从而优化资源配置，提高资产使用效率。同时，减少不必要的行政干预和审批流程，也有助于降低资产损失的风险，防止出现国有资产"冰棍"现象，即资产价值随时间推移而逐渐流失。

在资产转让权的放权策略中，可以根据资产的重要性和影响程度进行分类管理。具体而言，可以将资产转让权分为重大资产转让和非重大资产转让两类。这里，可以考虑以子企业资产总额的30%作为重大资产与非重大资产的划分线。对于重大资产转让，由于其涉及金额较大、影响范围较广，应由子企业自主决策，并报集团总部备案。这样可以确保子企业在重大资产转让过程中拥有足够的决策权，同时也有利于集团总部对子企业的监督和管理。对于非重大资产转让，由于其涉及金额较小、影响范围有限，可以由集团总部进行实质决策，但应充分听取子企业的意见和建议。这样可以确保集团总部在保持对子企业资产转让活动有效控制的同时，也能够充分尊重子企业的经营自主权。

总之，合理的资产转让权放权策略对于提高子企业的资产处置效率、优化资源配置、降低资产损失风险具有重要意义。同时，通过分类管理和适当的决策权限划分，可以确保子企业在享有足够经营自主权的同时，也能够受到集团总部的有效监督和管理。

3. 财务事项权

作为企业经营发展的基本职权之一，财务事项权涵盖了企业的财务管理、资金管理等相关事项，是国有企业作为独立市场主体自担风险、自我约束的重要内容。在国有资本投资公司的管理体系中，合理划分和放权财务事项权，对于提高子企业的运营效率、降低经营风险具有重要意义。

财务事项权可分为一般财务事项权和重大财务事项权。一般财务事项权，如开立银行账户、日常经营资金收支、申请银行授信、短期投资等，是子企业日常运营中经常涉及的事项。对于这些事项，国有资本投资公司可以考虑将权力下放给子企业，由子企业经理层行使，以便其更好地开展日常经营活动，提高运营效率。

而对于重大财务事项权，如重大财务政策、债权性融资、对外担保、大额对外捐赠等，由于涉及金额较大、影响范围较广，需要更为审慎的处理。对于具备条件的子企业，可以授予一定范围内的重大财务事项权，如一定限额下的债权性融资、一定条件下或一定金额内的对外担保、一定金额内的对外捐赠等。这样可以在确保风险可控的前提下，给予子企业更大的经营自主权。

然而，对于资产负债率较高的子企业，应特别对待。过高的资产负债率意味着企业的财务风险较大，一旦经营不善，可能导致资金链断裂，甚至引发破产风险。因此，对于这类子企业，应设置更为严格的财务事项权放权标准。具体而言，可以以子企业所在行业上年度规模以上企业平均资产负债率为基准线，基准线加 5 个百分点为本年度资产负债率预警线，基准线加 10 个百分点为本年度资产负债率重点监管线。一旦子企业的资产负债率超过预警线或重点监管线，就应稳慎对财务事项放权授权，必要时可以收回部分或全部财务事项权，以降低企业的财务风险。

总之，在国有资本投资公司的管理体系中，财务事项权的放权策略应根据子企业的实际情况和风险承受能力进行灵活调整。企业通过合理划分和放权财务事项权，可以提高子企业的运营效率、降低经营风险，促进企业的健康发展。

4. 选人用人权

选人用人权是企业董事会、管理层的基本职权之一，对于企业的稳定运营和长期发展具有至关重要的作用。在国有资本投资公司的管理体系中，合理放权给子企业董事会、经理层在选人用人方面的权力，是激发企业活力、提高运营效率的关键。

选人用人权一般体现在岗位聘任解聘和员工招聘辞退两个方面。岗位聘任对应的法律载体是聘任协议（或聘书、任期协议），主要体现能上能下的原则；员工招聘对应的法律载体是劳动合同，主要体现能进能出的原则。在放权过程中，应确保这些权力的行使符合法律法规和企业规章制度，同时保证公平、公正和透明。

国有资本投资公司在对子企业董事会、经理层放权时，应坚持党管干部、党管人才原则，并与董事会依法产生、董事会依法选择经营管理者、经营管理者依法行使用人权相结合。这要求企业在放权过程中，不断探索和创新有效实现形式，确保党的领导和现代企业制度相结合。

在放权策略上，国有资本投资公司可结合实际，逐步推进。首先，放开企业员工招聘权，集团总部可以控制企业人员编制总数，确定员工招聘总体标准、程序和平台等，把对员工的最终选择权留给企业。这样可以让企业根据自身需要和发展战略，灵活招聘人才，提高招聘效率和质量。

其次，逐步放开子企业经理层选聘权。上级党组织和子企业组织人事部门可以确定标准、规范程序、参与考察、推荐人选（可差额推荐），但由子企业董事会确定具体经理层岗位的最终人选。这样可以确保经理层成员的选聘符合企业实际需要，同时避免行政干预和权力滥用。

国有资本投资公司在选人用人权方面的放权策略应坚持党管干部、党管人才原则，并与现代企业制度相结合。逐步放开员工招聘权和经理层选聘权，可以激发企业活力，提高运营效率，推动企业实现高质量发展。

5. 薪酬分配权

薪酬分配权作为企业董事会的基本职权之一，对于激发企业内部各级干部员工的积极性和创造力至关重要。薪酬激励不仅是企业内部对各级干部员工实施激励的主要手段，更是推动企业持续发展的关键因素。在国有资本投资公司的管理体系中，对子企业薪酬分配权的合理放权，是激发企业活力、提升运营效率的重要举措。

从对象角度来看，薪酬分配权包括对企业经理层及管理人员的薪酬管理权，以及对企业员工的工资总额管理权。从结构上看，薪酬分配权则涵盖了基本薪酬、绩效薪酬、中长期激励等管理权。其中，中长期激励又可细分为上市公司股权激励、科技型企业股权和红权激励、混合所有制企业骨干员工持股、项目跟投、超额利润分享等多种形式。

国有资本投资公司对子企业薪酬分配权给予放权，并非意味着对子企业薪酬分配完全放手不管，而是要通过一系列管控措施确保薪酬分配的合理性和公平性。具体而言，可以通过企业年度薪酬预算、企业薪酬管理制度、市场对标、企业董事会下设专门委员会等方式对子企业薪酬分配进行管控。

在放权的具体实施上，可以从以下三个方面入手。

（1）子企业经理层薪酬管理权：允许企业董事会自主决策其经理层的基本薪酬和绩效薪酬。这有助于企业根据自身的经营状况和业绩目标，制订更为合理的薪酬方案，激发经理层的工作积极性和创造力。

（2）子企业员工工资总额管理权：允许企业董事会自主决策企业年度工资总额预算，实行工资总额预算备案制和周期制。这有助于企业根据自身的经营计划和人员规模，合理控制工资总额，确保企业薪酬的可持续发展。

（3）子企业高管和骨干员工的中长期激励：允许企业董事会自主决策内部中长期激励方案。这有助于企业更好地吸引和留住核心人才，提升企业的竞争力和市场地位。

除此之外，对于引进领军人才、技术专家等核心人才的薪酬管理，也可放权给企业董事会，允许董事会决定相关人员的薪酬安排。这有助于企业根据自身的发展需要和人才战略，制订更为灵活和具有竞争力的薪酬制度，吸引和留住优秀人才。

综上所述，国有资本投资公司对子企业薪酬分配权的放权策略，旨在通过合理的管控和放权，激发企业的活力和创造力，提升企业的运营效率和竞争力。同时，也要确保薪酬分配的合理性和公平性，维护企业的稳定和发展。

6. 业绩考核权

业绩考核权是企业董事会的基本职权之一，对于检验经理层经营成果、确保企业目标的实现具有关键作用。它与选人用人权、薪酬分配权高度相关，性质相近，因为业绩考核结果直接影响薪酬分配、干部晋升、人员去留。从考核对象的角度看，业绩考核权可细分为对企业董事监事的业绩考核、对经理层成员等企业经营高管的业绩考核，以及对员工（非董事监事、经理层成员）的业绩考核。从考核流程角度看，业绩考核权则涵盖了业绩任务的确定、经营过程的监控以及经营成果的评价（主要是结果认定）。

在国有资本投资公司的管理体系中，对子企业业绩考核权的放权策略，旨在激发子企业的自主性和创新性，同时确保企业整体战略目标的实现。具体而言，可以采取以下措施。

（1）逐步下放对经理层成员及员工的业绩考核权：允许子企业董事会根据自身经营特点和市场环境，自主制订经理层成员及员工的业绩考核标准和方案。这有助于子企业更加灵活地调整经营策略，提高运营效率。

（2）保留对企业董事、监事的考核权：由于董事、监事在企业中承担着重要的决策和监督职责，其业绩考核需要由母公司或上级机构进行统一管理和评价，以确保企业整体战略目标的落实。

（3）允许子企业董事会决定其年度经营计划：子企业董事会应根据母公司或上级机构的要求和自身实际情况，制订年度经营计划，明确经营目标、任务和时间表。这有助于子企业更好地把握市场机遇，实现可持续发展。

（4）以年度财务预算为基础确定年度经营任务和工资总额预算：股东会在审议子企业年度财务预算时，应充分考虑子企业的实际情况和市场环境，合理确定年度经营任务和工资总额预算。这有助于确保子企业在实现经营目标的同时，控制成本和提高效益。

（5）企业董事会负责对经理层进行年度和任期业绩考核：子企业董事会应建立完善的业绩考核体系，对经理层进行年度和任期业绩考核。考核结果应作为薪酬分配、干部晋升、人员去留的重要依据。这有助于激励经理层积极履行职责，推动企业实现经营目标。

（6）对是否实现各项中长期激励方案的行权指标进行考核评定：对于实施中长期激励方案的子企业，董事会应定期对行权指标的实现情况进行考核评定。这有助于确保中长期激励方案的有效实施，激发员工的长期工作热情和创造力。

通过上述措施的实施，国有资本投资公司可以实现对子企业业绩考核权的合理放权，激发子企业的自主性和创新性，同时确保企业整体战略目标的实现。

7.机构设置权

机构设置权是企业董事会的一项基本职权，涉及企业内部组织机构的设立、调整和撤销，以及确定各机构的工作职责、内设机构和人员编制等。通俗地讲，这就是企业在内部的"排兵布阵"，直接关系到企业的运营效率和管理效果。

对于国有资本投资公司而言，在推进对子企业的放权改革过程中，机构设置权的合理下放是一个重要环节。允许子企业董事会决定企业内部组织机构的设置，可以激发子企业的自主性和创新性，提高其对市场变化的响应速度。

然而，在放权的同时，也需要防止子企业内部机构膨胀、人员冗余等问题的出现。为了避免这些问题，集团总部可以采取以下管控策略。

（1）总量控制：对子企业一级部门的总数量进行限制，确保子企业在机构设置上保持精简高效，避免机构臃肿。

（2）职能管理人员编制控制：对子企业的职能管理人员总编制进行管控，避免人员冗余和成本浪费。

（3）指导与监督：集团总部可以通过制订统一的机构设置指导原则和规范，对子企业的机构设置进行指导和监督，确保其符合公司整体战略和运营需求。

（4）定期评估与调整：定期对子企业的机构设置进行评估和调整，确保其适应市场变化和公司发展的需要。

（5）加强信息化建设：通过加强信息化建设，提高子企业内部管理的透明度和效率，降低机构设置和人员管理的成本。

在放权与管控之间找到平衡点，是国有资本投资公司在对子企业机构设置权进行放权改革时需要重点考虑的问题。合理的放权和有效的管控，可以激发子企业的活力，提高公司的整体竞争力。

8. 制度管理权

制度管理权是企业对其内部管理制度的决定权，也是董事会的一项重要职权。按照《公司法》的规定，修改公司章程属于股东会职权，制订基本管理制度是董事会职权，制订具体规章制度则是经理层职权。

在国有资本投资公司的管理实践中，对子企业的制度管理权进行合理放权，有助于激发子企业的自主性和创新性，提高其对市场变化的响应速度。具体而言，可以将基本管理制度、具体规章制度的管理权放权给子企业，允许其董事会、经理层依法行权。

然而，在放权的同时，也需要确保国资监管机构、集团总部的政策制度在子企业得到贯彻落实。具体有如下要点。

（1）原则把关与细节指导：对子企业基本管理制度的有关原则和细节进行把关，确保其与集团总部的整体战略和管理理念保持一致。同时，加强对子企业制订具体规章制度的指导，确保其符合法律法规和集团政策要求。

（2）加强培训与交流：定期组织子企业管理人员参加培训，提高其制度管理能力和水平。同时，加强子企业之间的交流与合作，分享制度管理方面的经验和做法，共同提高制度管理水平。

（3）定期评估与反馈：对子企业的制度管理情况进行定期评估，了解其制度执行情况和存在的问题。同时，建立反馈机制，及时收集子企业对制度管理的意见和建议，为完善制度管理提供依据。

（4）强化监督检查：通过内部审计、外部审计等方式，对子企业的制度管理进行监督检查，确保其依法依规运营。对于发现的问题，要及时进行整改并追究相关责任人的责任。

总之，国有资本投资公司在对子企业的制度管理权进行放权时，需要在放权与管控之间找到平衡点。合理放权和有效管控，可以激发子企业的活力，提高公司的整体竞争力；同时，也可以确保国资监管机构、集团总部的政策制度在子企业得到贯彻落实，实现上下一贯的管理体系。

（三）建立授权放权事项清单

国有资本投资公司对子企业实施授权放权可具体分三步开展，一是子企业申请，二是行权能力评估，三是授权放权决策并印发清单。

1. 子企业提出授权放权需求

子企业可根据《集团总部责任权力清单》和总部放权事项内容，

结合自身实际，向集团总部提出授权放权的申请。申请一般包括四部分内容：一是授权放权的必要性和可行性；二是授权放权后努力实现的改革目标（定性、定量）；三是提出具体的授权放权事项及其理由；四是获得授权放权后采取哪些措施保障有效行权。

2. 对企业行权能力进行评估

在对不同子企业提出的授权放权申请进行考量时，集团总部应综合考虑两个主要方面：一是是否授权放权；二是如果授权放权，需要考虑哪些因素。

对于是否授权放权来说，其考虑的前提条件如下。

（1）治理结构规范有效：子企业需建立基层党委，并确保党委能有效发挥把方向、管大局、保落实的作用。建立了具有人财物决策权的党支部的子企业，不宜作为优先放权授权企业。董事会需健全，其中外部董事占多数，并能规范运作，确保决策的科学性和公正性。

（2）内部组织机构与岗位职责明确：子企业内部组织机构设置需合理，人员岗位职责需清晰明确，以确保其具备承接授权放权的基本能力。

（3）管理体系健全：子企业需拥有与授权放权事项相应的核心管控流程和管理制度，确保管理手段能够有效发挥作用。

授权放权，需要从以下几个因素来考虑。

（1）业务战略定位：根据子企业的业务战略定位，如"战略核心业务、战略培育业务、战略多元业务、财务投资业务、存量优化业务"等，合理确定对不同战略定位业务差异化授权标准。对市场化程度较高的财务投资型业务可充分授权，而对集团整体影响程度较大的战略性业务可适度授权。

（2）外部监管程度：应充分考虑子企业涉及的外部监管要求，

如上市公司须遵守的规范要求及相关法律法规。对于外部监管程度较高的企业，可以适当增加授权放权力度。

（3）业务类型及规模：综合考虑子企业的商业模式、业务范围、资产范围、经营规模、经营业绩、风险敞口等因素。对于商业模式成熟、经营业绩稳定、风险可控的子企业，可优先放权、适当放权。

（4）其他因素：应考虑子企业的历史沿革、改革意愿、试点经验等因素，以及集团总部认为其他需要考虑的重要因素，如领导班子配置等。这些因素都可能影响授权放权的决策。

3. 授权放权决策并印发清单

国有资本投资公司依据子企业行权能力评估结果，由高层管理团队、董事会等决策主体开会研讨，权衡整体战略布局、集团管控风险偏好及子企业发展潜力等因素，对各子企业的申请做出最终决策。对于评估合格、符合集团战略导向的子企业，明确具体的授权放权事项、权限范围、行权期限等细节，形成正式的书面授权放权清单并印发下达。清单内容具有法律效力，既保障子企业获得合理权利自主经营，也约束其在规定边界内规范用权。后续国有资本投资公司还需建立动态跟踪监督机制，依据子企业运营情况、市场变化适时调整清单内容，持续优化授权放权管理体系。

通过对上述因素的全面考量，集团总部可以更加科学、合理地做出授权放权的决策，确保子企业能够在规范、高效的管理体系下健康发展。

三、完善各项机制流程

（一）对子企业管控事项合理分类

以《公司法》为基础，从决策事项权限角度，国有资本投资公司可将对子企业的决策事项分为子企业股东（股东会）职权事项、子企业董事会职权事项、子企业经理层职权事项（专业管理事项）。

1. 子企业股东（股东会）职权事项

子企业股东（股东会）职权事项即集团总部（国有资本投资公司）作为出资人或实际控制人的法定股东（股东会）职权。

2. 子企业董事会职权事项

子企业董事会职权事项即应由子企业董事会依法决策的董事会职权事项，包括受限事项和非受限事项。其中，受限事项由集团总部实施决策，集团派出董事按集团决策表达意见；非受限事项由集团派出董事自主决策，集团派出董事按自身职业判断表达意见。

3. 子企业经理层职权事项

子企业经理层职权事项也可理解为专业管理事项。对于不属于股东（股东会）、董事会职权范围，但需要集团总部进行协调、指导和管理的重要事项，子企业可按照集团总部相关制度规定执行。

（二）对不同管控事项设计对应管理流程

在集团总部对子企业管控事项分类管理的基础上，应确定不同的管理流程作为落地支撑，逐步实现流程管理程序化、表单化、数字化。

1. 子企业股东（股东会）职权事项管理流程

（1）议案报送：子企业将股东（股东会）议案报集团总部，根据议案内容报送集团总部对口职能部门，同时抄送负责子企业议案的集团总部归口管理部门。

（2）反馈决策：集团总部按规定程序和权限进行决策后，以集团公司文件形式（意见、批复、通知、函等）反馈给子企业（对于全资子企业），或由集团总部委派的股东代表在股东会上按集团总部决策表达意见（对于非全资企业）。子企业根据集团总部决策意见，按有关法律规定和程序落实执行。

2.受限事项管理流程

对受限事项实行事前申报制度。受限事项管理流程分为议案申报、预处理、集团总部决策、表决意见反馈、决策落实五个阶段。

（1）议案申报：子企业在董事会召开前 20 个工作日，将相关议案报集团总部对口职能部门，同时抄送子企业议案的集团总部归口管理部门。集团派出董事可将相关事项的拟阐述表决意见一并送达对口职能部门。子企业应指定董事会秘书或其他专责人员负责具体申报及沟通工作。

（2）预处理：按照条线负责、归口统筹的原则，集团总部对口职能部门组织相关组织机构（专业委员会或工作组）或相关部门对子企业议案提出预处理意见（对口职能部门在 3 个工作日内提出处理意见），同时确认议案是否具备上会决策条件。对于不具备上会条件的议案，提出不上会的理由并建议子企业和派出董事延期审议；对于具备上会条件的议案，对口职能部门结合提出的预处理意见，提出拟表决建议报集团公司决策。

（3）集团总部决策：集团总部按相关决策程序和权限对子企业重大事项进行决策，包括经集团党委（党组）前置研究讨论、总经理办公会审议、董事会审议决策或国资监管机构批准等程序。

（4）表决意见反馈：集团对口职能部门在集团决策 3 个工作日内将决策意见反馈给派出董事，同时抄送子企业议案的集团总部归口管理部门。由子企业议案的归口管理部门统筹反馈给子企业。

（5）决策落实：集团派出董事根据集团总部决策意见在董事会上表决，子企业董事会履行相应程序并落实执行集团决策意见。

子企业协助派出董事在会后 5 个工作日内将决议情况（包括相

关决议及纪要）报集团总部议案的归口管理部门备案。

3. 非受限事项管理流程

对于非受限事项，集团总部授权派出董事按个人职业判断进行表决，并按照"权责对等"的原则承担相应责任。子企业协助派出董事在会后 5 个工作日内将决议情况（包括相关决议及纪要）报集团总部议案的归口管理部门备案。为加强集团总部职能部门对派出董事的服务支撑作用，防范决策风险，对于非受限事项的"固定资产类项目、股权类投资项目、股权和非股权性资产转让、以资产抵押或质押方式进行的融资、基本管理制度、社会捐赠"等事项（授权放权额度以下）实行"程序性审查"，即子企业董事会审议前，子企业相关部门协助集团派出董事，将该类议案提前 10 个工作日交送集团总部对口职能部门，对口职能部门在 3 个工作日内完成程序性审查，并将"程序性审查意见书"反馈至集团派出董事。"程序性审查"包括合规审核和专业审核两部分内容。

（1）合规审核：主要确认项目是否符合战略规划、是否列入预算计划、是否在授权额度内、是否符合集团总部相关管理制度规定。

对于未列入战略规划和年度预算计划，且集团总部职能部门认为其不符合战略规划发展方向的项目，派出董事应否决该议案，或将其转为"受限事项"提交集团总部决策。

对于超出授权放权额度，虽未列入战略规划和年度预算计划，但符合战略规划发展方向的项目，直接转为"受限事项"，按照"受限事项"流程执行。

对于已列入战略规划和年度预算计划且在授权放权额度内，但议案具体内容与集团总部相关管理制度相抵触的项目，集团总部职能部门应说明问题所在并给出解决建议。对于此类议案，子企业应按照集团职能部门意见对方案进行完善后再提交本企业董事会审议，集团派出董事在确认集团职能部门提出的问题已解决后，按个人职业判断表决。

（2）专业审核：主要从专业职能管理的角度出发，确认议案在财务、法律、安全、环保以及内容的完整性、逻辑性等方面是否存在专业瑕疵。对于符合"合规审核"的规定，但在专业管理方面存在瑕疵的议案，集团职能部门可以提出完善建议。对于此类议案，集团派出董事可按个人职业判断表决，集团职能部门出具的建议供派出董事决策时作为参考（议案中的工艺、技术、产品、市场等领域内容可不纳入专业审核范围）。

（三）对子企业管控事项进行动态调整

要建立健全授权放权后的定期评估和动态调整机制，确保"授权有评估，行权有监督，越权有问责"。集团总部对子企业授权放权后，需要定期对被授权的子企业行权情况和实际效果进行评估。根据评估情况，及时采取扩大、调整、收回等措施。对未成立董事会，只设执行董事的子企业，暂缓授权放权。

第四节　建立健全集团"大监督"体系

国有资本投资公司必须坚持放管结合、加强监督，重点解决子企业层面可能存在的"上级监督偏远、同级监督偏软、下级监督偏散"等问题，坚决防止子企业对授权放权滥用或行权不当而导致国有资产流失。为此，国有资本投资公司应在集团体系内部建立"大监督"体系。

一、明确"大监督"体系工作目标

在党委（党组）的统一领导下，国有资本投资公司通过"大监督"体系构建党内监督与经营监督深入融合的机制，形成出资人监督、业务监督、专责监督有序衔接的协同机制；形成事前防范、事中跟踪、事后问责的"全流程"闭环机制；形成业务监督、审计监督、巡视监督、纪检监察监督四道防线；依托资金、风控、审计、法律、采购、投资六大平台，形成横向连接、纵向贯通、运行有序的监督格局；通过这一开放监督平台实现集团总部各部门信息共享、管控共治。

二、落实"大监督"体系组织保障

为确保国有资本投资公司的健康、稳定、高效运营，加强公司内部的监督管理工作，公司应设立监督委员会，统筹负责"大监督"工作。通过该委员会，公司将实现运营全过程的监督，确保各项决策和执行的合法合规性。

（一）监督委员会组织架构

监督委员会设主任 1 名，由集团纪检监察组组长或纪委书记兼任。主任负责全面领导监督委员会的工作，确保监督工作的有效执行。

监督委员会成员包括集团总部相关部门主要负责人，如财务、审计、法务、人力资源等部门。各部门主要负责人将作为监督委员会的成员，共同参与公司的监督管理工作。

（二）监督委员会主要职责

监督委员会在公司的日常事务管理中主要具有以下职责。

（1）对通过"大监督"体系发现的重大问题进行分析研究，提出下一步处置意见。确保问题得到及时、有效的解决。

（2）听取相关问题的整改情况汇报，及时向集团党委（党组）汇报有关情况。确保公司党委（党组）对公司运营情况有全面的了解和掌控。

（3）对因整改不力等需要问责的，启动问责程序。确保责任追究到位，形成有效的责任约束机制。

（4）定期听取相关职能部门开展监督工作情况。了解各职能部门的监督工作开展情况，及时发现问题并进行解决。

（三）监督委员会下设办公室

监督委员会下设办公室（下称"监督办"）作为监督委员会的日常办事机构，负责各项监督工作的日常管理和协调。其主要职责包括以下几点。

（1）对各职能部门的监督工作进行统筹，加强日常沟通协调。确保各部门之间的监督工作能够形成合力，提高监督效率。

（2）对各职能部门移交的问题及时进行汇总统计分析，提出下一步处置建议。为监督委员会提供决策支持，确保问题得到及时、有效的解决。

（3）对相关职能部门牵头抓整改情况进行督促。确保整改措施得到有效执行，问题得到根本解决。

（4）完成党委（党组）和监督委员会交办的其他事项。确保监督工作的全面性和深入性。

通过设立监督委员会，国有资本投资公司将实现对公司运营全过程的监督，确保公司各项决策和执行的合法合规性。同时，通过加强日常沟通协调和督促整改工作，公司能够确保监督工作的有效执行，为公司的健康、稳定、高效运营提供有力保障。

三、规范"大监督"体系运行流程

"大监督"体系运行可分为发现问题、处置问题、倒查责任三个环节。

（一）发现问题

集团总部各职能部门结合自身职能定位和核心业务，制订本部门监督责任清单，明确监督内容和标准，开展日常监督工作。对监督发现的问题，各部门经由规定渠道及时送至监督办，完成问题提出工作。

（二）处置问题

监督办对各部门提交的问题进行汇总分类、识别分析，按照确定的标准划分为一般性问题和重要问题，经研究并报集团分管领导批准后，一般性问题交由相关职能部门牵头业务单位党委开展整改，切实夯实业务单位党委主体责任；重要问题提交监督委员会审议，并决定通过六类方式进行处置，包括移交党委（党组）会审议、移交总经理办公会审议，移交纪检监察组、移交相关职能部门处理，组织开展专项审计、组织专项巡视。

各子企业党委接到整改通知后，要认真履行主体责任，限期开展整改工作，整改情况报牵头的集团总部相关职能部门审定后，由职能部门汇总至监督办，监督办向监督委员会和党委（党组）汇报有关情况，形成监督闭环。

（三）倒查责任

出现以下四类情形的，要倒查职能部门责任。一是对履行监督职责认识不到位、消极应付、不担当不作为、不按时报送监督信息的；二是在监督工作中无法发现问题、不如实上报问题或应当发现重要问题没有发现的；三是审计、巡视、纪检监察揭露的重大问题以及企业发生的重大案件反映有关职能部门日常监督不到位、未及时发现苗头性问题的；四是相关职能部门对有关问题牵头整改不力的。对于以上四种情形，都要严肃问责追责。

第六章

从产业运营集团到国有资本投资运营公司

地方投融资平台进一步优化升级的高级形态是探索成为国有资本投资运营公司的重要途径，以及管理运营地方国有资本的重要市场化载体。这一转型目标符合未来国有企业经营管理体制改革的方向，能够使企业在资产规模、经营方式、管理方式等方面实现新的突破。

第一节　国有资本投资运营公司的相关理论

组建国有资本投资运营公司是当前国企改革的重要方向，是以管资本为主改革国有资本授权经营体制的重要内容。组建国有资本投资运营公司实质上体现了政府在管理国有资产方式上的变革，即以产权为纽带建立国有资本管理体系，进而布局国民经济重点领域和市场无法调节的公共领域，并在此过程中积极开展资本运营，实现国有资本进退有序和保值增值。

一、国有资本投资运营公司基本概念

国有资本投资运营公司，一般是指全部资产基本都是对外股权投资，通过持有被投资公司的股权，控制和影响被投资公司的战略发展方向和决策，并获得股权投资收益的企业。该类型企业通常并

不从事具体的产品生产或提供商业化服务，而是通过各被投公司开展实业经营活动，主要通过对被投公司的产权管理，凭借被投公司的生产经营活动来实现自身资产的保值与增值。国有资本投资运营公司的核心竞争力应是股权的动态组合，即根据自身资源和市场需求变化，不断调整持有股权的结构，在股权的有序进退中实现自身资产配置的优化，进而实现资本保值增值的目标。

首先，产业运营集团和国有资本投资运营公司最根本的区别是经营对象不同。产业运营集团经营的是具体的产品和服务，国有资本投资运营公司经营的是国有资本，一般不直接参与被投资公司的具体经营活动。

其次，从企业成长速度来看，产业运营集团的发展是渐进的，国有资本投资运营公司开展资本运营可以迅速扩大自身规模、实现超常规发展。对比产业运营集团与国有资本投资运营公司的异同，能够更好地把握国有资本投资运营公司的本质，从而指导产业运营集团进一步转型为国有资本投资运营公司。

二、国有资本管理相关理论

涉及国有资本管理的代表性理论主要有现代产权理论、委托代理理论，这些理论对公司所有权、经营权及相互作用关系进行了深入分析，是指导组建国有资本投资运营公司的理论基础。

现代产权理论由英国经济学家罗纳德·科斯（Ronald Coase）提出，此后的西方学者在科斯的基础上不断丰富完善产权理论。该理论认为，市场经济自身机制的不完善与产权社会化将会导致交易成本居高等"市场失灵"的外部问题出现。该理论还认为，将所有权明确界定给特定主体，由其享有产权的排他性、自由支配权和获取剩余收益，会有效降低经济市场中的运行成本，从而提高资源使用效率。这也从理论上解释了建立国有资本投资运营公司，并由其在授权范围内履行国有资本出资人责任的必要性。

委托代理理论是在 20 世纪 30 年代由美国经济学家基于企业所有权、经营权两权分离理念提出的，即所有权人拥有企业财产所有权及收益权，而将企业经营委托给专业人员实施。委托人作为产权所有者，天然地追求自身财富最大化，而代理人拥有企业经营自主权利，但通常不具有公司股权，更高的薪酬收入及更多的自由时间是代理人的目标。因此，如果没有科学有效的激励和约束机制，很可能会因代理人极端化追求自身需求的满足，从而造成委托人权利的损失。

在当前国企改革进程中，借鉴委托代理理论，设计有效的激励机制，缩短委托代理链条，并处理好包括政府与国有企业之间、股东与集团国有资本投资运营公司与经理层之间等各层级的关系，具有重要的现实指导意义。

三、资本运营相关理论

资本运营作为资源配置的高级形态，在企业发展到一定规模后，通过依托资本市场，采用并购、分拆、重组、整合等方式，对资源进行优化配置，能够有效提升企业的竞争力和赢利能力，并推动企业发展战略目标的实现。以下是关于资本运营的四种典型方式的详细解释。

1. 兼并

兼并是企业通过产权交易将两个或多个独立企业合并成一个企业的过程。兼并通常分为吸收合并和新设合并两种形式。吸收合并是指一家优势企业吸收一家或多家企业，被吸收的企业法人地位消失；而新设合并则涉及两家或多家企业共同解散，其资产、负债、权益合并后形成一家新的企业。

2. 收购

收购是企业通过支付现金、债券或发行股票等方式，购买另一家企业的部分或全部资产或股权，以获得对该企业的控制权。收购的目标通常是获取目标企业的资源、技术、市场或品牌等，以增强收购方的竞争力。收购的对象可以是股权或资产，通常发生在资本市场上，特别是针对上市公司的收购活动更为常见。

3. 分拆

分拆是企业通过剥离、分立、分拆上市等手段，将部分业务或资产从原企业中分离出来，形成独立的企业或业务单元。分拆的目的在于优化资源配置，集中资源发展核心业务，同时提高子公司的经营灵活性和市场反应速度。分拆可以使企业从负协同效应中解脱出来，强化核心业务，提升企业整体价值。

4. 整合

整合是企业在资本运营过程中，通过资产、股权的置换或其他方式，重新配置企业资源，以提高企业的经营效率和赢利能力。整合可以涉及企业内部资源的重新组合，也可以涉及企业与外部资源的合作与联盟。整合的目标是优化资产结构、股权结构、经营方式和规模，使企业的资源配置更加合理，提高企业的市场竞争力。

在实际操作中，企业应根据自身的发展状况、发展阶段和行业趋势等因素，选择合适的资本运营方式。同时，企业还应注重资本运营的协同效应，通过优化资源配置、提高经营效率、增强创新能力等方式，增强企业的核心竞争力，实现企业的可持续发展。

第二节　国有资本投资运营公司转型的背景

一、政策情况

（一）中央政策

1. 2013 年《中共中央关于全面深化改革若干重大问题的决定》

（1）改革国有资本授权经营体制：提出通过改革国有资本授权经营体制，组建国有资本投资运营公司，支持有条件的国有企业改组为国有资本投资公司。

（2）主要目的：完善国资监管方式，加快国有经济布局结构调整，避免重复建设和恶性竞争；提高资源配置效率，重塑有效的企业运营架构，促进国有企业进一步转换机制。

2. 2015 年《中共中央、国务院关于深化国有企业改革的指导意见》

（1）全面改革目标：明确了国有企业改革的总体要求和方向，包括完善现代企业制度和国有资产管理体制，发展混合所有制经济，加强监督、防止国有资产流失等。

（2）运营模式：强调发挥国有资本投资公司和运营公司的作用，通过投资融资、产业培育、资本整合等方式，推动产业集聚和转型升级，优化国有资本布局结构。

3. 2015 年《国务院关于改革和完善国有资产管理体制的若干意见》

（1）具体路径：明确提出了改组 / 组建国有资本投资公司和运营公司的路径，包括通过划拨现有商业类国有企业的国有股权和国有资本经营预算注资组建，以及选择具备条件的国有独资企业集团改组设立。

（2）主要目标：提升国有资本运营效率、提高国有资本回报，通过股权运作、价值管理、有序进退等方式，促进国有资本合理流动，实现保值增值。

4. 2017年《国务院办公厅关于进一步激发民间有效投资活力促进经济持续健康发展的指导意见》

鼓励民间资本参与：鼓励民间资本通过混合所有制、设立基金、组建联合体等方式，参与投资规模较大的公私合营项目。

5. 2019年《中央企业混合所有制改革操作指引》

混改操作基本流程：明确了国企混改的操作流程，包括可行性研究、制订改革方案、履行决策审批程序、审计评估、引进非公有资本投资者、推进企业运营机制改革等。

这些政策文件共同构成了中国国有企业改革和国有资本运营的全面指导框架，旨在通过深化改革，优化国有资本的布局和结构，提高国有企业的经营效率和竞争力，同时鼓励民间资本的参与，促进经济的持续健康发展。

（二）地方政策

党的十八届三中全会后，国资国企改革采取了不同的策略和方向，其中组建国有资本投资运营公司是一个重要的改革方向。以下是几个地方省市改革方案的简要概述。

1. 北京市

（1）政策包"27+5"：2018年北京市发布了一系列促进民间经济发展的措施，其中特别提到了国企混改。

（2）国企混改清单：北京发布了一个明确的国企混改清单，鼓励非公有制企业参与城市公共服务类国企的混改，同时在一般竞争性领域允许非公有资本控股。这一举措旨在通过引入民间资本，提高国有企业的竞争力和运营效率。

2. 上海市

（1）资本管理公司：上海在 2013 年 12 月 17 日公布了《进一步深化上海国资改革促进企业发展的意见》，其中提出形成 2—3 家符合国际规则、有效运营的资本管理公司，这是为了加强国有资本的管理和运营效率。

（2）国资流动平台：上海已经建立了上海国盛（集团有限公司）和上海国际集团有限公司两大国资流动平台，这些平台将在国有资本的投资、运营和管理中发挥重要作用。

3. 山东省

（1）国有资本投资运营公司：山东省在 2015 年就计划通过组建国有资本投资运营公司，构建一个能够合理流动、有效配置、保值增值、健康发展的国有资本平台。

（2）试点公司：山东省国资委已经确定了山东省鲁信投资控股集团有限公司和山东省国有资产投资控股有限公司作为第一批试点公司，这将为山东省的国资国企改革提供实践经验和示范效应。

从这些改革方案可以看出，各地在国资国企改革中均强调了国有资本投资运营公司的重要性，但具体的改革目标、路径和安排因地方国资监管的现状、国有经济规模等因素而有所不同。这体现了中国在推进国资国企改革中的灵活性和多样性，旨在通过因地制宜的改革措施，实现国有经济的持续健康发展。

二、发展状况

党的十八届三中全会后，中国已有 36 家省级国资委成功改组，并组建了 142 家国有资本投资运营公司，这些公司在组建规模、成立方式、赢利模式、投资方式等方面积累了宝贵的经验。以下是对这些方面的详细概述。

1. 组建规模

由于各地区的国资规模体量和发展阶段存在差异，地方国有资本投资、运营公司的数量和功能定位也有所不同。在国资规模较大、市场化程度较高的区域，更强调分工与专业化，设立了多家国有资本投资、运营公司，并分别进行试点。而在国资规模较小的区域，试点企业数量较少，有的投资运营业务尚未完全分开，而是实行一体化运作。

2. 成立方式

地方国有资本投资和运营公司的成立方式主要通过改组方式实现。具体方式包括以下几种。

（1）直接把原有的行业性总公司或政府的行业主管部门改组为国有资产运营公司。

（2）在国有资本管理部门的协调下，通过调整和重组的集团化过程，组建国有资本投资公司。

（3）配合国企改革，组建以企业重组整合为主要功能的国有资产投资公司。

（4）整合中小型国有企业，直接放入以国有股权管理为核心功能的国有资本投资公司。

3. 赢利模式

赢利模式因地区市场化程度、资本运营能级以及公司功能定位的不同而有差异。市场化程度高、金融股权占比较高、市场化业务较多的企业，其净资产收益率普遍较高。以政策性、功能性业务为主的企业，其收益率则相对较低。

4. 投资方式

国有资本投资和运营公司作为肩负功能性任务的市场化运作主

体，需要平衡政策性任务与市场化业务。

在股权投资策略上，普遍选择以战略性投资为主，财务性投资和政策性投资为辅的方式；从股权投资方式来看，主要选择以直接投资为主，同时辅以股权投资基金和"母基金＋子基金"的方式。

这些经验为国有资本投资运营公司的进一步发展提供了有力的借鉴和参考，有助于推动国有资本布局结构的优化和国有经济的转型升级。同时，各地国资委和企业还需要根据自身实际情况，不断探索和创新，以更好地实现国有资本的保值增值和国有企业的持续健康发展。

第三节　产业运营集团向国有资本投资运营公司转型的路径

一、基础条件

国有资本投资运营公司在运营对象、运营手段、内部管理等方面确实有其特殊要求，这些特殊要求在产业运营集团转型为国有资本投资运营公司的过程中尤为关键。以下是对这些要求的具体分析。

1. 运营对象

国有资本投资运营公司的主要运营对象是国有资本（股本），包括国有企业的产权和公司制企业中的国有股权。这意味着它们需要在资本市场中运作，通过股权产权的买卖来改善国有资本的分布结构和质量。因此，对于产业运营集团来说，转型为国有资本投资运营公司需要深入理解并熟悉资本市场运作，以及如何通过资本运作来优化国有资本的布局。

2. 运营手段

国有资本投资运营公司强调资金的周转循环，以及追求资本在运动中增值。它们通过多样化的运作形式，如产业资本与金融资本的融合、企业重组、兼并与收购等，来实现国有资本的保值增值。产业运营集团在转型过程中，需要学习和掌握这些运营手段，并积累丰富的资本运作经验。

3. 内部管理

国有资本投资运营公司应严格执行预算制度，确保经济合理、资金安全、绩效透明。它们还需要加强资产管理，合理配置资金和资源，提高资产利用效率并降低运营成本。在人事管理方面，应建立健全人才引进、培养和考核机制，推行薪酬激励机制，激发员工的工作积极性和创造力。此外，建立健全职工代表机制也是必要的，以保障员工合法权益，听取员工意见和建议，并促进员工参与公司治理。

在产业运营集团转型为国有资本投资运营公司的道路上，需要迈过一系列门槛。这些门槛包括以下几种。

（1）雄厚的资金实力构成的存量优势：转型后的公司需要拥有足够的资金实力来支持其资本运作活动。这要求产业运营集团在转型前已经积累了一定的资本储备，或者能够通过其他方式获得足够的资金支持。

（2）扎实的产业基础：如前所述，资本投资运营是对产业价值重新配置的活动。因此，转型后的公司需要对相关产业有深入的了解和熟悉。产业运营集团在转型前已经积累了丰富的产业运营经验，这将为其在转型后顺利开展资本投资运营活动提供有力支持。

（3）丰富的资本运作经验：转型为国有资本投资运营公司后，

公司将面临更加复杂的资本运作环境。因此，丰富的资本运作经验是不可或缺的。部分产业运营集团在业务拓展过程中已经开展了大量资本运作活动，并积累了丰富的经验和人才，这将为其成功转型提供有力保障。

总之，产业运营集团转型为国有资本投资运营公司需要满足一系列要求，并迈过一系列门槛。深入了解和熟悉这些要求，并采取相应的措施来加强内部管理、提高资本运作能力等，将有助于产业运营集团成功实现转型并在更高层次上运营国有资本。

二、成立方式

1.组建

对于占用国有资本的分散的企业，在国资委的协调组织下，应通过新建方式，将这些分散的国有资本纳入投资运营公司统一管理。

2.改组

对于有一定实力的大型国有产业运营集团，可将产业运营集团直接改组为国有资本投资运营公司。

三、开展业务类型

开展业务类型通常包括投资类和经营类两大类业务，它们对于国有资本投资运营公司来说至关重要。下面是对这两类业务的详细阐述。

（一）投资类业务

1.核心目标

侧重于对市场不完善、市场失灵的纠正与弥补，特别是在那些市场不能发挥作用或市场没有动力投资，但又对国家经济安全及保障民生等方面具有战略性功能的领域。

2. 主要特点

（1）战略性投资：国有资本投资应聚焦于对国家经济发展至关重要的领域，如自然垄断、信息不对称的领域，确保国有经济在这些领域的影响力和控制力。

（2）政策性目标：通过产业投融资实现政府的政策性目标，例如支持新兴产业、基础设施建设、公共服务等。

（3）非行政手段：与传统的行政干预不同，国有资本投资更多通过股权投资和资本运作来实现目标，避免直接的行政干预。

3. 实施方式

（1）产业投融资：结合国家战略和市场需求，选择具有发展潜力的产业和项目进行投资。

（2）股权投资：通过购买企业股权的方式，参与企业经营管理，分享企业成长带来的收益。

（3）资本运作：运用各种金融工具，如债券、基金、信托等，进行资本的有效配置和运作。

（二）经营类业务

1. 核心目标

侧重于通过市场机制推动国有资本由实物形态的企业向价值形态的资本转变，实现国资有序进退、合理布局。

2. 主要特点

（1）市场化运作：采取资本运作与资本整合相结合的方式，通过股权运营、价值管理等市场化力量来优化国有资本的配置。

（2）灵活性：国有资本投资运营公司可以根据市场情况和政策

导向，灵活调整对国有企业、民营企业及外资企业的持股比例，实现收益最大化。

（3）国际化视野：在发展到一定阶段后，可以从事跨国投资和跨国资本运营，拓展国际市场。

3. 实施方式

（1）股权运营：通过购买、出售、增持、减持等方式管理国有股权，实现资本增值。

（2）价值管理：运用现代企业管理方法，提高国有资本运营效率，实现价值最大化。

（3）跨国投资：结合国家"走出去"战略，投资海外优质资产和项目，提升国有资本的全球竞争力。

四、制订战略

在国有资本投资运营公司的运营中，战略的制订是至关重要的。战略为公司提供了明确的发展方向和目标，指导公司如何配置资源、参与市场竞争以及实现其长期愿景。战略制订通常包括三个层次：公司层战略、业务层战略和职能层战略。

1. 公司层战略

公司层战略是国有资本投资运营公司的最高层次战略，它决定了公司的整体发展方向和目标。这一战略需要兼顾公司的经济效益和社会效益，确保公司在实现经济效益的同时，也履行其社会责任。公司层战略需要协调各个业务单位和职能部门之间的关系，确保公司资源的合理配置，以培育公司的核心竞争力，完成公司的总体目标。

公司层战略通常由企业的高层管理者制订，它需要考虑公司的内外部环境、行业趋势、竞争态势等因素，以制订出符合公司实际情况的战略。

2. 业务层战略

业务层战略是在公司层战略确定后，针对某一具体业务或产品领域制订的战略。这一战略旨在赢得某一行业或产品市场的竞争优势，实现公司的市场目标和赢利目标。业务层战略需要深入分析市场需求、竞争态势、产品特点等因素，制订出符合市场需求的营销策略、产品策略、价格策略等。

业务层战略主要由业务部门的领导层负责，他们需要根据公司层战略的要求，结合本部门的实际情况，制订出切实可行的业务战略。

3. 职能层战略

职能层战略是为贯彻、实施和支撑公司战略与业务战略而制订的具体执行计划。它关注的是企业资源的有效利用，通过优化内部流程、提高运营效率、降低成本等方式，为企业战略和业务战略的实现提供有力保障。

职能层战略需要根据公司层战略和业务层战略的要求，结合企业的特殊治理体系和治理范畴，制订出具体的执行计划。这一战略需要由各个职能部门的负责人负责制订和执行，确保公司战略和业务战略能够得到有效实施。

公司层战略、业务层战略和职能层战略共同构成了企业战略系统。这三个层次的战略需要相互衔接、相互配合，确保企业战略的有效实施。企业要实现其战略目标，必须将这三个层次的战略有效地结合起来，形成一个完整的战略体系。

五、选择赢利模式

1. 使用金融工具

国有资本投资运营公司赢利的关键是把通过金融渠道获取的资

金，以资本追求利润最大化的逻辑，投资金融或工商实体产业，真正让资本在流通、流转中增值。

2. 处理不良资产

处置不良资产和债务，通常是先以折价的方式打包收购不良资产和债务；然后利用政府背景的信用融资；获得资金后，政府通过重组、政策性破产等方式消解债务，并盘活不良资产。

3. 进入资本市场

地方国有投资控股公司可以通过多种金融手段实现赢利，如通过在资本市场获取市场价值；作为资本所有者，依法、按理分享投资企业的经营红利；处置资产获得溢价。

六、优化治理结构，完善治理体系

对于国有资本投资运营公司而言，优化治理结构，完善治理体系是确保公司高效运作、实现长期可持续发展的关键。公司治理结构优化的核心目标是制衡公司内部的各种权力关系，确保各方利益得到平衡，同时促进公司的稳健发展。

1. 公司治理结构的优化

有效的公司治理结构需要明确划分股东会、董事会、监事会和经理层各自的权利、责任，形成四者之间的权力制衡关系。这种制衡关系能够确保公司制度的有效运行，防止权力滥用和内部人控制的问题。

（1）股东会：作为公司的最高权力机构，股东会应拥有公司重大事项的决策权，如选举和罢免董事、审议和批准公司的年度财务预算和决算等。

（2）董事会：董事会是公司的执行机构，负责公司的日常经营决策和管理。董事会应拥有足够的独立性和专业性，能够代表股东利益，制订公司的发展战略和计划。

（3）监事会：监事会作为公司的监督机构，应独立行使监督权，对董事会和经理层的行为进行监督和检查，确保公司的决策和行为符合法律法规和公司章程的规定。

（4）经理层：经理层是公司的实际经营者，负责公司的日常运营和管理。经理层应拥有足够的经营自主权，但同时也应受到董事会和监事会的监督和约束。

2. 公司治理体系的完善

公司治理体系需要包括内部控制机制和外部控制系统。内部控制机制提供可靠的财务信息支持，而外部控制系统则通过法律、政治、媒体等途径提升企业的核心竞争力。

（1）内部控制机制：内部控制机制是公司治理体系的重要组成部分，它通过建立有效的分级控制、职责分工和全员性岗位控制措施，确保公司财务信息的真实、准确和完整。同时，内部控制机制还能够防范和降低公司经营风险，提高公司的运营效率。

（2）外部控制系统：外部控制系统通过法律、政治、媒体等途径对公司的行为进行监督和约束。例如，法律法规为公司提供明确的行为规范，公司必须遵守相关法律法规的规定；政治环境对公司的经营决策和战略制订产生影响；媒体则通过舆论监督和信息传播等方式对公司的行为进行监督和评价。这些外部控制系统能够提升公司在产品要素市场、声誉市场和控制权市场的核心竞争力。

优化治理结构，完善治理体系是国有资本投资运营公司实现长期可持续发展的重要保障。明确划分公司内部的各种权力关系、建立完善的内部控制机制和外部控制系统的各种制度，能够确保公司的稳健运营和高效决策，提升公司的核心竞争力。

七、人力资源管理的专业化与职业化

1. 市场选聘

国有资本投资运营公司的人力资源管理要最大限度地实现职业化与专业化。首要的要求就是国有资本投资运营公司的高管人员应从职业经理人市场选聘，而非由政府官员转任或由其他国有企业保留行政级别的高管人员调任。

2. 专业团队

国有资本投资运营公司的高管人员应具备资本运营的专业水平、资本投资的专业能力及履职承担风险的能力。

3. 绩效薪酬

按市场标准确定高管人员的薪酬，并引入市场化的绩效考核方式，对高管人员实施全方位的履职考核，并以此为依据向其支付绩效薪酬。

八、提高资本运作能力

国有资本投资运营公司在其资本运作过程中，应以市值管理为核心，秉持商业规则，实施市场化管理，确保被投资企业拥有充分的自主经营权，实现从"管资产"向"管资本"的战略转变。以下是一些关键策略和方法，以提高国有资本投资运营公司的资本运作能力。

1. 强化市值管理

（1）明确市值管理目标，通过提高被投资企业的赢利能力、市场价值及股东回报，实现公司市值的持续增长。

（2）建立健全市值管理制度，包括市值监测、分析、评估及反馈机制，确保市值管理的有效性和及时性。

2. 遵循商业规则与市场化管理

（1）遵循商业规则，确保投资决策符合市场规律和法律法规，避免行政干预和不当竞争。

（2）实行市场化管理，通过市场竞争机制来优化资源配置，提高资本运作效率。

3. 确保被投资企业自主经营权

（1）尊重被投资企业的自主经营权，避免过多的行政干预和指令性管理。

（2）提供必要的支持和帮助，确保被投资企业在市场竞争中保持活力和创新力。

4. 推动股权多元化改革

（1）积极推进被投资企业的股权多元化改革，引入战略投资者和财务投资者，形成股东相互制衡的股权结构。

（2）通过股权多元化改革，优化公司治理结构，提高决策效率和经营绩效。

5. 推动有条件企业资本化、市场化

（1）鼓励和支持有条件的企业进行资本化、市场化运作，通过上市、并购、重组等方式实现资本增值。

（2）建立健全资本市场服务体系，为企业提供融资、投资、并购等方面的专业支持。

6. 提升投资管理与资本运作专业能力

（1）加强投资管理团队的专业能力培训，提高投资决策的准确性和科学性。

（2）建立健全资本运作机制，优化资本运作流程，提高资本运作效率。

7. 建立风险管理体系

（1）在资本运作过程中，建立全面、系统的风险管理体系，对各类风险进行识别、评估、监控和应对。

（2）严格执行风险管理政策，确保公司资本运作活动的稳健性和安全性。

通过上述策略的实施，国有资本投资运营公司可以提高其资本运作能力，更好地实现国有资产保值增值的目标，推动被投资企业的持续健康发展。

九、打造核心竞争力

国有资本投资运营公司的核心能力确实涵盖了多个关键板块，以确保其能够高效运作并实现长期可持续发展。

1. 资源整合能力

资源整合能力是国有资本投资运营公司的核心能力之一。公司需要具备有效整合内外部资源的能力，包括资金、人才、技术、信息等，以实现资源的最优配置和高效利用。这要求公司具备强大的战略规划能力和资源整合策略，通过并购、合作、联盟等方式，获取更多的优质资源，为公司的发展提供有力支撑。

2. 市场洞察能力

市场洞察能力是国有资本投资运营公司必备的能力之一。公司需要密切关注市场动态，洞察市场趋势和机遇，以便及时调整战略和业务方向。这要求公司建立完善的市场研究体系，搜集和分析市场数据，了解行业发展趋势和竞争格局，为公司提供决策支持。

3. 专业技术能力

专业技术能力是国有资本投资运营公司在特定领域或行业内的

核心竞争力。公司需要具备在特定领域或行业内的专业技术知识和经验，以便更好地开展业务和投资活动。这要求公司加强技术研发和创新，引进和培养专业技术人才，建立专业的技术团队和研发机构，为公司提供强大的技术支持。

4. 自主创新能力

自主创新能力是国有资本投资运营公司的重要能力之一。公司需要具备自主研发和创新能力，以便在市场竞争中保持领先地位。这要求公司加大创新投入，鼓励员工参与创新活动，建立创新激励机制，推动公司在技术、产品、服务等方面的创新。

5. 投资管理能力

投资管理能力是国有资本投资运营公司的核心职责之一。公司需要具备科学、高效的投资管理能力，以便实现国有资产的保值增值。这要求公司建立完善的投资管理体系，制订科学的投资策略和风险管理措施，加强项目筛选和评估，确保投资项目的质量和效益。

6. 风险管控能力

风险管控能力是国有资本投资运营公司的重要能力之一。公司需要具备全面的风险识别、评估、监控和应对能力，以便在复杂多变的市场环境中保持稳健运营。这要求公司建立完善的风险管理体系，制订严格的风险管理策略和流程，加强风险预警和应急响应机制，确保公司的稳健发展。

7. 现代科学的企业治理体系

现代科学的企业治理体系是国有资本投资运营公司的基石。公司需要建立科学、规范、高效的治理体系，包括完善的公司治理结构、有效的决策机制、透明的信息披露制度等。这要求公司加强内部管理，提高决策效率和执行力，确保公司的治理体系和运作机制符合现代企业治理的要求和标准。

第四节　国有资本投资运营公司典型案例

一、淡马锡控股公司

淡马锡控股公司（下称"淡马锡"）自 1974 年成立以来，已成为新加坡国有资本运营的典范。作为新加坡财政部全资拥有的投资公司，淡马锡专注于经营和管理政府投入各类政联企业的资本，旨在通过有效的监督和商业性战略投资培育世界级公司，为新加坡的经济发展做出贡献。

1. 淡马锡的定位

新加坡政府将淡马锡定位为一家代表政府履行出资人职责、完全按商业化原则运作的投资机构。在管理上，政府严格实行股东所有权与企业经营管理权分离，不直接参与淡马锡的日常经营活动。政府对淡马锡的管理主要集中在两个方面：一是要求淡马锡按时提交审计后的财务报告并派发股息；二是政府和总统直接批准任免淡马锡的董事局成员和总裁。这种制度安排确保了淡马锡能够按照市场化、商业化的原则运营国有资本，实现国有资产的保值增值。

2. 淡马锡的公司治理

淡马锡实行董事局决策、总裁执行的体制。董事局由 9 名董事组成，其中大部分为非执行董事，且多由独立私营企业的商界领袖担任。董事局主要负责重大决策、评估总裁表现、制订董事和总裁继承计划、聘任并考核和监督高级管理层等长期发展策略与规划。执行董事兼总裁负责公司全部执行性事务，下辖多个管理层委员会和业务功能组别。淡马锡的管理层在董事局的指导下开展工作，不受政府影响，依赖职业经理人的专业能力实现股东长期利益的最大化。

作为淡马锡联营企业（简称"淡联企业"）的股东，淡马锡同样遵循所有权与经营权相分离的原则，将淡联企业看作其投资组合的一个有机组成部分。淡马锡不插手淡联企业的具体商业运作，而是将工作重点放在制订战略发展目标、推广完善的公司治理、建立企业核心价值观、培养人才以及确保持久赢利增长等宏观工作上。淡联企业的投资、商业和运营决策以及管理人员任免都由各自的管理团队和董事局负责。

3. 淡马锡的投资组合

淡马锡的投资组合包括三个部分：一是新加坡政府授权淡马锡管理的淡联企业；二是淡马锡在世界各地的直接投资；三是对优秀基金的投资，即淡马锡的私募基金业务。淡马锡的直接投资主要考虑符合公司战略需要和投资主题、具有长期稳定的投资回报以及能够有效控制投资风险等因素。

淡马锡通过捕捉投资机会、科学分析论证、严谨尽职调查、投委会决策、付诸实施执行、项目跟踪评价以及获取利润后退出等步骤进行投资决策。在捕捉投资机会方面，淡马锡的投资组负责分行业研究并捕捉投资机会，围绕转型中的经济市场、蓬勃发展的中产阶级、强化的比较优势以及新兴的成功企业等四大投资主题进行投资。同时，淡马锡在进行国际业务开拓时，与国际组密切配合，共同负责项目的遴选、分析和执行。

二、重庆渝富资产经营管理集团

重庆渝富资产经营管理集团（下称"渝富集团"）自 2004 年成立以来，经历了从市属企业不良资产化解处置平台到国有资本投资运营公司改革试点的转变。在党的十八届三中全会后，渝富集团积极响应国家号召，大力发展市场化运营工具，积极探索国有资本运营功能的发挥，取得了显著成效。

1. 渝富集团的"三个重组"职能

（1）债务重组：渝富集团通过市场化方式打包处置包括金融类企业在内的国有不良债务，成功处置和消化了超过 300 亿元的不良资产，帮助 1200 余家企业实现减负脱困。

（2）土地重组：渝富集团发挥土地储备主平台的作用，向破产和搬迁企业提供周转资金，累计提供资金达 450 亿元，有效支持了企业的环保搬迁、退二进三和破产关停工作。

（3）资产重组：渝富集团对地方金融类、工商类国企进行战略投资，优化国有经济布局。通过实施多个 ST（Special Treatment，特别处理）公司重组，支持西南证券、中房地产、金科集团等企业的上市和重组，推动了重庆银行、重庆农商银行等企业的改革发展。

2. 渝富集团的国有资本运营功能

（1）股权管理：渝富集团以"积极股东"的身份，切实履行对出资企业的股东权责，推动出资企业改善治理、优化战略与决策、提升经营业绩与资本价值。

（2）流动增值：渝富集团对出资企业股权实施动态管理，通过股权的"进退流转"实现资本增值。例如，在 2015 年推动京东方、西南证券等股权通过资本市场流转，实现了近 120 亿元的运营收益。

（3）优化布局：渝富集团在金融领域、战略性新兴产业领域和有投资价值的领域实施战略投资，培育产业、优化布局、改善结构。渝富集团已在重庆市十大战略性新兴产业投入资金 140 多亿元，带动项目总投资近千亿元。

3. 渝富集团的市场化资本运营体系

（1）资本市场工具：渝富集团着力打造出资企业的上市公司集群，通过首次公开募股（IPO）、定向增发、二级市场减持等手段，推动资本价值形态转换。例如，渝富集团通过上市公司定向增发投向京东方，撬动了京东方在重庆的巨额投资。

（2）基金工具：渝富集团已设立运营多个不同类型的基金，包括产业基金、开放型基金、供给侧结构性改革基金和风投基金等。其中，渝富集团的战略性新兴产业股权投资基金规模达 800 亿元，已投资多个新兴产业项目。

（3）金融资产收购处置工具：渝富集团通过批量收购处置地方金融不良资产，为地方金融机构提供服务，为地方创造一个良好的金融生态。

综上所述，渝富集团通过"三个重组"职能、国有资本运营功能以及市场化的资本运营体系，在推动重庆乃至全国的国有资本运营改革方面发挥了积极作用。

第三部分

资产与资本运营

第七章

资本招商新局面：解码"合肥模式"

国有资本投资公司作为地方政府进行战略新兴产业布局的抓手，在招商引资方面扮演着越来越重要的角色。国有资本投资公司发挥资本平台的优势，通过产业基金等手段助力新兴产业的引入、聚集和壮大，已成为国资的一个核心职能。

第一节　以投促招：新时期资本与产业的新组合

一、以投促招的时代背景

以投促招，即政府通过设立产业投资基金的方式，投向特定产业或项目，以推动产业升级和经济发展，并吸引相关企业和人才入驻本地。这一策略的出现和流行，与当前的时代背景密切相关。

1. 全球经济格局的调整

随着全球化的深入发展，全球经济格局正在经历深刻的调整。一方面，新兴市场的崛起使全球经济重心逐渐东移，中国等新兴市场国家在全球经济中的地位不断提升；另一方面，传统制造业的衰退和新兴产业的崛起，使全球产业结构发生了重大变化。在这种背景下，各国政府都在积极寻找新的经济增长点和竞争优势，以投促招正是其中的一种重要策略。

2. 创新驱动发展战略的实施

当前，世界各国都在强调创新驱动发展战略。创新是推动经济发展的重要动力，也是提升国家竞争力的关键。通过设立产业投资基金，政府可以引导社会资本投向具有创新能力和潜力的企业和项目，支持科技创新和成果转化，推动产业向高端、绿色、智能化方向发展。这不仅有助于提升产业的整体竞争力，还能够促进经济的可持续发展。

3. 金融市场的深化改革

近年来，我国金融市场正在经历深刻的改革和开放。金融市场的深化改革为产业投资基金的发展提供了广阔的空间和机遇。一方面，金融市场的多元化和国际化趋势使资金来源更加广泛和多样；另一方面，金融市场的规范化和法制化建设为产业投资基金的运作提供了更好的制度保障。这些因素都使得以投促招成为当前政府推动产业升级和经济发展的重要手段。

4. 区域协调发展的需求

在我国，区域发展不平衡是一个长期存在的问题。为了推动区域协调发展，政府需要采取一系列措施来平衡不同地区的经济差距。以投促招正是其中的一种有效手段。通过设立产业投资基金，支持当地产业的发展和升级，从而推动区域经济的均衡发展。

综上所述，以投促招的时代背景是全球经济格局的调整、创新驱动发展战略的实施、金融市场的深化改革以及区域协调发展的需求。这些背景因素共同推动了以投促招策略的兴起和发展，使其成为当前政府推动产业升级和经济发展的重要手段。

二、产业基金以投促招的核心要点

政府通过产业基金以投促招是一种旨在通过产业投资引导和促

进区域经济发展、优化产业结构、提升产业竞争力的重要手段。

1. 设立产业基金的目的

政府设立产业基金的主要目的是通过资本的力量，引导和支持符合区域发展战略、具有市场前景和竞争力的产业项目，推动产业升级和经济发展。通过产业基金的运作，政府可以更加精准地把握产业发展趋势，优化资源配置，提高资本使用效率。

2. 产业基金的运作方式

政府出资设立引导基金，通过聚集财政资金、政府平台资金以及发债筹集资金，并吸引社会资本共同参与，形成多元化的资金来源。

（1）设立专业的基金管理机构，负责基金的日常运作和投资决策。

（2）基金管理机构根据区域产业发展规划和市场需求，筛选和评估具有投资潜力的项目。

（3）对筛选出的项目进行尽职调查和风险评估，确保投资项目的可行性和安全性。

（4）通过股权投资、债权投资等方式，为项目提供资金支持，并推动项目的落地和运营。

3. 以投促招的具体策略

（1）围绕区域主导产业和优势产业，通过产业基金的投资引导，吸引上下游企业和相关产业聚集，形成完整的产业链条。

（2）鼓励和支持企业开展技术创新和研发活动，提升产业核心竞争力。政府可以通过产业基金为企业提供研发资金支持，降低企业创新成本。

（3）与本地招商部门紧密配合，通过产业基金的投资引导，吸引招商项目的产能、研发、销售等环节的落地。

（4）搭建产业投资服务平台，为企业提供政策咨询、项目对接、融资支持等一站式服务，降低企业投资成本和时间成本。

4. 以投促招的效果评估

政府需要建立科学的评估体系，对产业基金的投资效果进行定期评估。评估内容包括但不限于投资项目的落地情况、投资回报、产业发展带动效应等方面。通过评估结果，政府可以及时调整投资策略和方向，提高产业基金的运作效率。

总之，政府通过产业基金以投促招是一种有效的经济发展策略。通过设立产业基金、引导社会资本参与、优化投资环境等方式，政府可以推动产业升级和经济发展，实现区域经济的可持续发展。

三、政府以投促招的进一步思考

（一）明确产业定位和发展方向

明确产业定位和发展方向是政府在招商引资过程中的首要任务。在启动招商引资活动之前，政府需要深入研究和分析本地的资源禀赋、市场需求和技术发展趋势，以准确判断哪些产业领域在本地区具有发展潜力。

首先，政府需要全面评估本地资源禀赋，包括自然资源、人力资源、资本资源等。通过深入了解这些资源的分布、质量和利用状况，政府可以明确哪些资源可以作为产业发展的基础，进而确定产业发展的方向和重点。

其次，政府需要对市场需求进行深入分析。通过调查市场现状、预测未来趋势，政府可以了解市场需求的变化和趋势，以及市场对不同产业领域的需求程度和潜力。这有助于政府确定产业发展的优先顺序和重点，确保招商引资工作的针对性和有效性。

最后，政府还需要关注技术发展趋势。随着科技的不断发展，新的技术不断涌现，为产业发展提供了新的机遇和挑战。政府需要密切关注技术发展动态，了解新技术的发展趋势和应用前景，以便在招商引资过程中把握先机，吸引具有先进技术的企业入驻。

在深入研究和分析的基础上，政府需要制订详细的产业发展规划。产业发展规划应明确产业发展的目标、战略和路径，为后续的招商引资工作提供清晰的方向和依据。规划应充分考虑本地资源禀赋、市场需求和技术发展趋势，确保产业发展的可行性和可持续性。

总之，明确产业定位和发展方向是政府在招商引资过程中的重要环节。通过深入研究和分析，政府可以准确评估和确定本地具有发展潜力的产业领域，并制订相应的产业发展规划，为后续的招商引资工作提供有力支持。

（二）政府通过产业基金以投促招的实际效果

（1）通过与招商的结合，产业基金能够精准地投向符合区域发展战略、具有市场前景和竞争力的产业项目。这有助于推动这些产业项目的快速落地和运营，从而加速产业升级和经济发展。

（2）产业基金的投资促进了企业之间的合作与集群效应。通过为企业提供资金和资源支持，产业基金鼓励企业加强合作，形成更具竞争力的产业集群。这种集群效应不仅有助于提升整个产业的竞争力，还能够带来规模效应和集聚效应，进一步推动区域经济的增长。

（3）产业基金还提高了企业的技术水平和创新能力。通过投资具有创新能力的企业，产业基金帮助企业引进新技术、新设备和新工艺，提升了企业的技术水平。同时还推动企业开展研发活动，增强了企业的创新能力，为产业的长远发展提供了有力支持。

（4）产业基金的投资也促进了区域经济的协调发展。通过对不同区域的投资项目进行布局，产业基金带动了当地经济的发展。特别是在欠发达地区，产业基金的投资能够带动当地产业结构的升级和转型，提高当地居民的收入水平和生活质量。

然而，产业基金以投促招的实际效果也受到多种因素的影响。例如，政策环境、市场环境、企业素质等都会影响产业基金的投资效果和项目的成功率。因此，政府在推动产业基金以投促招的过程中，需要注重政策引导、市场调节和企业自主性的平衡，确保产业基金能够发挥最大的作用。

总的来说，政府通过产业基金以投促招的实际效果是显著的。产业基金在推动产业升级、促进经济发展、增强企业竞争力等方面发挥了重要作用，为区域经济的可持续发展提供了有力支持。

四、建立长效机制，持续优化投资环境

为了鼓励更多的投资者关注本地产业，政府需要制定和完善相关政策和法规。这些政策可以为产业投资提供法律保障和政策支持，为投资者提供稳定的投资环境。同时，政府还可以给予符合条件的投资者以税收优惠、土地供应、融资支持等优惠政策，降低投资成本，提高投资者的积极性。此外，政府还应鼓励和支持企业技术创新、品牌建设、市场拓展等活动，提升企业的竞争力。

为了保持招商引资工作的持续性和有效性，政府需要建立长效机制，持续优化投资环境。这包括加强政府与企业、行业协会等社会组织的沟通和协作，共同推动产业发展。同时，政府还应定期评估产业投资的效果和影响，及时调整和完善招商引资策略。此外，政府还应持续优化投资环境，提高政府服务水平和效率，增强投资

者的信心，提升投资者的满意度。

通过以上具体做法，政府可以通过产业投资有效吸引外部资金和技术，推动本地产业的集聚和发展，实现以投促招的目标。同时，政府还需要注重与企业的长期合作和共同发展，为企业的持续发展提供有力支持。这不仅有助于提升本地产业的竞争力，还能促进地方经济的繁荣和发展。

第二节　解码"合肥模式"

发展经济是地方政府的核心任务之一，而招商引资是一个重要抓手。与传统的招商模式相比较，近年来以"合肥模式"为代表的资本招商模式风行一时。那么"合肥模式"到底是什么，政府资金如何投入和退出、行业和企业如何借力政府来发展？它成功了吗？是偶然还是必然？若是必然，它是具有普适性，还是有特定适用范围？是否可复制推广？成功的密码又是什么？是否有借鉴意义？

一、"合肥模式"概述

"合肥模式"与传统的招商引资模式相比，确实展现出了更为现代化和资本化的特点。以下是对两者主要区别的总结。

1. 资金来源和运作方式

传统模式：政府主要提供营商环境优化和土地资源支持，资金主要来源于企业的自有资金和金融机构的贷款。政府在其中更多地扮演服务者和协调者的角色。

"合肥模式"：政府通过打造国有投资平台，以股权投资的方式参与企业的项目。资金来源不仅包括政府资金，还可能包括社会资本。政府通过直投、产业基金等方式，以资本运作的方式吸引和推动企业项目落地。

2. 投资策略和目标

传统模式：主要关注企业的规模和产业配套，通过提供土地、税收优惠等手段吸引企业投资。

"合肥模式"：更加注重长期的投资回报和产业集群的培育。政府通过选择有潜力的行业和企业，以股权投资的方式深入参与，旨在实现产业经济转型和城市升级。

3. 风险控制和退出机制

传统模式：政府在风险控制上相对被动，主要依赖企业的自我管理和金融机构的监管。

"合肥模式"：政府通过股权投资的方式，能够更直接地参与企业的管理和决策，对风险有更强的控制力。同时，通过二级市场减持、项目 IPO、项目并购转让等方式实现股权退出，形成良性的资金循环。

4. 产业集群和城市升级

传统模式：虽然也强调产业集群的培育，但更多依赖企业的自发聚集和政府的产业规划。

"合肥模式"：通过精准的产业选择和资本投入，能够快速形成产业集群，并带动相关产业的发展。同时，通过产业项目的落地和企业的成长，推动城市经济的转型和升级。

5. 政府角色和定位

传统模式：政府主要作为服务者和协调者，为企业提供必要的支持和帮助。

"合肥模式"：政府不仅是服务者和协调者，更是投资者和参与者。政府通过打造国有投资平台，以股权投资的方式深度参与企业项目，实现与企业的共同发展。

通过合肥京东方项目和合肥长鑫存储项目等案例，我们可以看到"合肥模式"在实践中的成功应用。这种模式不仅为当地经济发展注入了新的活力，也为其他城市提供了可借鉴的经验。

二、"合肥模式"案例介绍

"合肥模式"通过其独特的资本招商策略，确实为合肥市打造了一些成功的产业项目案例，同时也存在一些失败的项目。以下是对合肥京东方、合肥长鑫存储以及合肥蔚来汽车几个典型项目的分析。

（一）案例一：合肥京东方项目

合肥市政府通过持续多轮加码投资京东方多代 TFT–LCD（薄膜晶体管液晶显示屏）生产线，确实展现了一种独特的资本招商模式。这种模式的成功，不仅推动了合肥市新型显示产业的快速发展，也为当地经济注入了强大的动力。

从 2008 年开始，合肥市政府就通过参与京东方定增以及委贷投资方式，成功引进了京东方 6 代 TFT–LCD 生产线。这一举措为合肥市新型显示产业的发展奠定了坚实的基础。4 年后，随着 6 代线的投资收回，合肥市政府又通过参与京东方新一轮定增以及直投、委贷等投资方式，进一步引进了京东方 8.5 代 TFT–LCD 生产线。

在这一过程中，合肥市政府不仅为京东方提供了必要的资金支持，还通过政府的引导和协调，为项目的顺利推进提供了有力的保障。

到了 2015 年，合肥市政府更是创新地运用了产业基金投资方式，成功引进了京东方 10.5 代 TFT–LCD 生产线。这一项目的成功落地，不仅进一步巩固了合肥市在新型显示产业领域的领先地位，也为当地经济的转型升级注入了新的活力。

从投资一条生产线，到项目建设投产，再到项目成熟、国资股权退出，再到启动下一条生产线投资，合肥市政府持续多轮循环，从无到有、从弱到强，培育了一条千亿级新型显示产业链。在这一过程中，合肥市政府不仅展现了其独特的资本招商策略，也彰显了其对于新兴产业发展的坚定信心和决心。

通过合肥市政府持续多轮加码投资京东方多代 TFT-LCD 生产线，合肥市不仅成功打造了一条完整的新型显示产业链，也吸引了众多上下游企业的入驻，形成了产业集群效应。这不仅提升了合肥市的产业竞争力，也为当地经济带来了显著的增长。同时，这一模式也为其他城市在招商引资和产业发展方面提供了有益的借鉴和启示。

1. 第一步：合肥市政府投京东方 6 代 TFT-LCD 生产线

（1）背景

21 世纪初期，合肥家电产业蓬勃发展，但"缺屏"问题限制了发展。合肥市政府为完善产业链，与拥有自主技术的京东方合作，引进 6 代 TFT-LCD 生产线。

（2）资金安排

总投资 175 亿元，合肥市政府通过认购京东方定增等方式出资 90 亿元资本金，剩余 85 亿元通过银团贷款解决，政府提供必要协调和担保。

（3）资本金到位

初始注册资本 5000 万元，后增至 90 亿元。合肥市政府实际出资 30 亿元，成功撬动 175 亿元项目资本金。

（4）项目管理

合肥市政府采取参股不控股策略，确保京东方负责具体运营，既支持项目又发挥产业方优势。

（5）国有资本退出

3年限售期后，合肥市政府通过二级市场减持退出，确保国有资本的流动性和增值性。

（6）投资模式的意义

该模式结合政府引导与市场机制，实现政府、企业、市场共赢，推动新型显示产业发展，为中国显示产业树立了典范。

2. 第二步：合肥市政府投京东方 8.5 代 TFT–LCD 生产线

（1）项目资金安排

在合肥市政府与京东方签署的 8.5 代 TFT–LCD 生产线项目投资框架协议中，总投资额达 285 亿元。其中，170 亿元为项目资本金，差额部分将通过银团贷款解决。在资本金部分中，合肥市政府负责筹集 100 亿元并直接增资到项目公司，京东方则需筹集 70 亿元，合肥市政府对此部分负有兜底责任。此外，合肥市政府还承诺在项目地块配套条件、土地价格、能源供应等方面提供政策性支持。

（2）实际操作

合肥鑫晟光电科技有限公司作为项目公司，成立于 2009 年，注册资本 170 亿元。在实际操作中，京东方及其关联公司出资超过 100 亿元，占比约 60%，而合肥市政府旗下公司则出资剩余部分。经过多轮股权转让，项目公司最终由京东方全资持有。

（3）合肥市政府参与定增

2014 年，合肥市政府通过参与京东方超过 450 亿元的定增，以 60 亿元投资鑫晟光电的 8.5 代 TET–LCD 生产线项目，总投资额达 155 亿元。此举展现了合肥市政府以较小资金撬动大规模投资的能力。

（4）项目管理

合肥市政府在此项目中继续采取只参股不控股的策略，确保项目的建设和运营由产业方负责。这一策略旨在平衡政府支持和市场活力。

（5）国有资本的退出

3年限售期过后，合肥市政府通过二级市场减持股票的方式退出项目，实现国有资本的有效退出。据估算，合肥市政府通过此次定增减持退出后，账面浮盈超过120亿元。

（6）8.5代线投资模式

与6代线项目相比，8.5代线项目采用了定增＋直投＋贷款的投资模式。合肥市政府初期通过注册资本形式直接入股项目公司，后期逐步由产业方受让相关权益。项目期间，合肥市政府还通过参与上市公司定增形式支持当地项目发展。这一模式进一步体现了合肥市政府在促进产业发展中的创新和智慧。

3. 第三步：合肥市政府投京东方10.5代TFT-LCD生产线

（1）项目资金安排

总投资金额为400亿元，其中项目资本金为220亿元（后调整为240亿元），其余为银团贷款。在资本金中，合肥市政府负责解决大部分资金，直接以注册资本金的形式投入项目公司（合肥京东方显示技术有限公司），而京东方则负责解决剩余部分。合肥市政府还承诺在项目地块配套条件、土地价格、能源供应等方面提供政策性支持。

（2）项目公司股权结构

合肥京东方显示技术有限公司成立于2015年，注册资本在后期经过多次股权转让和增资后有所调整。目前，该项目公司由合肥芯屏产业投资基金（有限合伙）控股，占比63.33%，京东方集团科技占比36.67%。这一股权结构体现了合肥市政府通过产业基金模式参与项目投资的策略。

（3）项目管理

尽管合肥市政府在10.5代TET-LCD生产线项目中持有较多股

份，但考虑到京东方在液晶显示领域的专业能力和经验，预计项目的具体建设运营仍将由产业方负责。这一模式有助于确保项目的专业性和运营效率。

（4）国有资本的退出

合肥市政府将通过项目 IPO 或并购转让等方式实现国有资本的退出。这一退出策略有助于确保国有资产的流动性和增值性。

（5）投资模式分析

与 6 代 TET-LCD 生产线和 8.5 代 TET-LCD 生产线项目的投资模式相比，10.5 代 TET-LCD 生产线项目创新地运用了产业基金投资模式。然而，就本项目的芯屏基金而言，其主要资金来源于合肥市政府，并未充分吸引社会资本放大杠杆。此外，基金管理人合肥建投资本为自然人控股、市场化运作的管理平台，这也反映了合肥市政府在产业基金运作方面的特点。

（二）案例二：合肥长鑫存储项目（DRAM 项目）

2017 年合肥产投与兆易创新签署《关于存储器研发项目之合作协议》。关于合肥长鑫存储项目的分析如下。

1. 背景

在京东方产业链中，一个显著的问题是"缺芯少屏"。以 2019 年为例，京东方在驱动芯片方面的采购额高达约 60 亿元，但国产化率却不足 5%，凸显出芯片产业的严重滞后。为了应对这一挑战，京东方与兆易创新等企业展开了深度合作。

兆易创新，一家以 NOR Flash（非易失闪存技术）起家的半导体公司，通过多元化布局，逐渐在存储业务上形成了多产品线的战略格局。尽管在收购 ISSI 失败后，兆易创新在 DRAM 领域的破局之路面临挑战，但它并未放弃，而是与京东方携手启动了 DRAM 项目合作。

与此同时，作为京东方的产业配套，合肥市政府也积极引进半导体项目。其中，晶合集成就是一个典型的例子。晶合集成致力于为京东方提供面板核心零部件——显示驱动 IC，进一步加强了双方在产业链上的紧密合作。

总体来看，京东方通过与兆易创新等企业的合作，以及合肥市政府在半导体项目上的支持，正在逐步解决"缺芯少屏"的问题。这些举措不仅有助于提升京东方的产业链竞争力，也将为中国半导体产业的发展注入新的动力。

2. 存储器研发项目合作内容

（1）项目概要

京东方与兆易创新在合肥市经开区合作开展一项针对工艺制程 19nm 的 12 英寸晶圆存储器（含 DRAM 等）的研发项目。该项目的核心目标是在 2018 年 12 月 31 日前成功研发出产品，并达到产品良率不低于 10% 的标准。产品良率是指测试电性良好的晶片占整个晶圆的比例，是衡量存储器产品质量的重要指标。

（2）资金安排

该项目的总投资额为 180 亿元，由合肥产投与兆易创新按照 4∶1 的比例共同筹集。具体来说，合肥产投负责筹集 144 亿元，兆易创新负责筹集 36 亿元。然而，在实际操作中，截至 2022 年，兆易创新仅投入了 8 亿元，其中 2020 年通过债转股方式投入 3 亿元，2021 年增资 5 亿元。

（3）相互赋能与合作模式

兆易创新与长鑫存储之间建立了紧密的合作关系。长鑫存储作为一家 IDM（整合元件制造商）企业，将优先为兆易创新代加工 DRAM 芯片，价格参照市场行情并给予最佳优惠。同时，兆易创新将负责为长鑫存储代销其自产的 DRAM 芯片产品。这种合作模式有助于双方实现资源共享、优势互补，共同推动产业链的发展。

（4）国有资本退出机制

若项目在 2018 年 12 月 31 日前成功实现产品良率不低于 10% 的目标，合肥产投有权在 5 年后要求兆易创新回购其在项目中的权益。

若项目未能如期实现上述目标，则产生的损益将由兆易创新与合肥产投按照 1:4 的比例共同享有或承担。然而，若合肥产投选择放弃对兆易创新的追责，可给予兆易创新 1 年的宽限期，即将对赌条件 / 目标调整为在 2019 年 12 月 31 日前实现产品良率不低于 10%。

若在宽限期内项目仍未能实现目标，合肥产投有权随时要求兆易创新在 3 个月内对其回购；若目标成功达成，则按照 2018 年年底目标达成的情形继续履行合作协议。

这一退出机制既保障了国有资本的安全性，又给予了合作方一定的灵活性和激励，有助于推动项目的顺利进行和产业链的长期稳定发展。

3. 项目发展节点历程

合作协议前期，合肥市政府已开始成立合肥长鑫集成和睿力集成（后变更名称为"长鑫科技"）两大平台来推进 DRAM 项目落地。2017 年合作协议签署，2019 年实现 8GB 规格的 DRAM 芯片量产，2020 年良品率和产能成功爬坡，并在同一年睿力集成完成了第一轮融资，金额达到 156.48 亿元，后在 2021 年、2022 年进行了两轮融资，据了解目前项目估值近千亿。

（三）案例三：合肥蔚来汽车项目

1. 产业背景

随着全球能源危机和环境问题的加剧，新能源汽车成为汽车产业发展的重要方向。根据国际能源署（IEA）的数据，2019 年全球新能源汽车销量持续增长，而中国作为全球最大的新能源汽车市场，销量占全球总量的一半以上。中国政府高度重视新能源汽车产业的发展，出台了一系列政策措施，鼓励创新型企业进入该领域，打造具有国际竞争力的品牌和产品。

2. 蔚来汽车

蔚来汽车成立于 2014 年 11 月，是一家专注于智能电动汽车研发、制造和销售的创新型企业。公司创始人兼 CEO 李斌希望打造一个以用户为中心的智能出行平台。蔚来汽车已经推出了多款高端智能电动 SUV，并致力于提供电池租赁、换电、移动充电等创新服务。

3. 合作内容

2020 年，蔚来汽车与合肥市政府达成战略合作，蔚来中国总部项目落户合肥。合肥市政府通过指定的投资公司并联合市场化投资人，对蔚来中国总部项目投资超过 100 亿元。具体合作内容包括以下几个部分。

（1）合肥市政府指定的投资公司向蔚来中国注资 70 亿元，并持有蔚来中国 24.1% 的股份。

（2）蔚来汽车向蔚来中国注入其在中国的核心业务和资产，并持有蔚来中国 75.9% 的股份。

（3）蔚来汽车承诺在未来四年内向蔚来中国注入不少于 60 亿元的现金或资产。

4. 双方利益分析

（1）蔚来汽车

资金支持：获得合肥市政府及相关投资者的注资，解决了资金困境，为公司的持续发展提供了保障。

产业环境：合肥市作为汽车产业的重要基地，拥有完整的汽车产业链和丰富的产业资源，为蔚来汽车提供了优质的研发和生产环境。

（2）合肥市政府

投资回报：蔚来汽车作为新能源汽车领域的领军企业，具有强大的品牌影响力和市场竞争力。合肥市政府通过投资蔚来中国，分享了公司未来的发展成果，获得了丰厚的投资回报。

产业集聚：蔚来中国总部项目的落户，进一步推动了合肥市新能源汽车产业的发展，形成了更加完善的产业集群，推动合肥市成为国内新兴的新能源汽车产业聚集城市。

5. 结论

蔚来汽车与合肥市政府的合作是一次双赢的选择。蔚来汽车获得了资金支持和优质的产业环境，为其未来发展奠定了坚实基础；合肥市政府则通过投资蔚来中国，获得了丰厚的投资回报，并推动了当地新能源汽车产业的发展。这一合作模式对于新能源汽车产业的发展具有积极的示范意义。

（三）"合肥模式"成功了吗

客观而言，"合肥模式"既有失败案例也有成功案例。典型的例子就是当年同期引进两种不一样技术路线的等离子面板项目安徽鑫昊与液晶面板项目合肥京东方，这场近乎"豪赌"的结果却是两种不一样的结局。以结果为导向来看，合肥京东方项目、合肥长鑫存储项目、合肥蔚来汽车项目等一系列重大项目，在所带来的财务效益、产业效应以及推动城市升级发展等方面无疑是成功的。

下面具体展开来看。

1. 促进了城市升级

2008 年，合肥 GDP 为 1994.59 亿元。2020 年合肥 GDP 首次跨入万亿元大关，一跃进入全国城市 GDP 的 Top20 之列。2022 年，合肥 GDP 超过 1.2 万亿元。可以说，合肥的成功既是城市扩张的结果，也是产业升级发展的结果，GDP 的突围离不开产业升级换代。"合肥模式"带动安徽这个中部省份实现了产业升级和经济振兴。

2. 实现了产业优化

合肥市政府不仅获得了项目的投资回报，也随着京东方的成长拉动了当地新型显示产业发展，产业结构得以优化升级。

一方面，合肥成为京东方的大本营。京东方在合肥落地 6 代 TFT-LCD 生产线项目、8.5 代 TFT-LCD 生产线项目、10.5 代 TFT-LCD 生产线项目，累计投资近千亿元。根据京东方 2022 年年报，合肥京东方光电科技、合肥鑫晟光电成为对京东方净利润影响达 10% 以上的主要子公司。

另一方面，龙头企业项目落地带来了产业集聚效应：合肥也成为国内新型显示产业发展的重镇，集聚了包括驱动芯片、基板玻璃、关键材料、高纯化学品、偏光片等在内的上下游企业超百家，已经基本形成"从沙子到整机"的全产业链布局，探索出了"领军企业—重大项目—产业链条—产业集群"的产业发展路径。

在这一过程中，合肥完成了产业结构的优化升级和经济发展的质变。安徽省 2023 年政府工作报告指出，安徽省高技术制造业增加值年均增长 19.6%，全球 10% 的笔记本电脑、20% 的液晶显示屏在安徽制造，新兴产业聚集取得重大进展。

三、"合肥模式"有哪些地方值得其他地区参考借鉴

1. 遵循产业规律，强化专业性和人才战略

"合肥模式"强调对产业规律的深刻理解，以及基于本地资源禀赋和国家战略发展方向的产业选择。这要求其他城市在决策时，也需结合本地实际，选准赛道，投中企业。

专业性和人才战略至关重要。合肥市政府聘请企业家作为招商

顾问，增强了招商引资的专业性和技术含量。其他城市可以借鉴这一做法，引入更多行业专家和领军人才，提升决策质量和执行力。

2. 善用资本力量，提升资本运作能力

合肥通过国有资本撬动社会资本，打造了三大国有投资平台，并联合市场头部机构设立产业基金。其他城市可以学习合肥的做法，建立或完善自己的投资平台，吸引更多社会资本参与，形成产业基金群。

"合肥模式"提供了清晰的退出路径，这对于其他城市而言，是资本运作中需要重点考虑的环节。建立明确的退出机制，有助于提高资本运作的效率和成功率。

3. 强化决策魄力，建立宽容失败的机制环境

"合肥模式"的成功离不开领导者的决策魄力和远见。其他城市在推动产业发展和招商引资时，也需要有敢于决策、敢于担当的领导者。

宽容失败的机制环境对于鼓励创新和投资至关重要。"合肥模式"通过容错机制的建立，鼓励了更多的尝试和冒险。其他城市可以借鉴这一做法，为创新者和投资者提供一个相对宽容的环境。

4. 培育新兴产业，实现高质量发展

"合肥模式"成功培育了新型显示产业、半导体产业、新能源汽车等新兴战略产业，实现了高质量发展。这启示其他城市在推动产业升级和转型时，要注重培育新兴产业，特别是符合国家战略发展方向和市场需求的产业。

5. 坚持长期主义，实现可持续发展

"合肥模式"不是一蹴而就的，而是经过多届政府的持续努力和坚持才取得的成功。这要求其他城市在推动产业发展时，也要有长期主义和可持续发展的眼光，不断积累经验和资源，为未来的发展打下坚实的基础。

第八章

产业链招商

第一节　国有资本投资公司与产业链招商

一、国有资本投资公司在产业链招商中的角色

在当今全球经济一体化和产业升级加速的背景下，产业链招商已成为各地政府推动经济发展、优化产业结构的重要手段。国有资本投资公司作为政府引导下的重要投资主体，在产业链招商中扮演着至关重要的角色。以下将详细探讨国有资本投资公司在产业链招商中的具体作用。

（一）投资引导与资金整合能力

国有资本投资公司在产业链招商中，首要的作用是发挥投资引导和资金整合的能力。它通过设立专项投资基金、参与股权投资、提供融资支持等方式，引导社会资本流向具有发展潜力的产业链关键环节和领域。这种引导不仅有助于形成完整的产业链，还能促进产业间的协同发展和资源共享。同时，国有资本投资公司还能有效整合各方资金，形成资金合力，为产业链的发展提供有力的资金支持。

（二）政府背景与政策支持

国有资本投资公司作为政府引导下的投资主体，具有强大的政府背景和政策支持。它能够充分利用政府的政策资源和行政资源，为产业链招商提供全方位的支持。例如，通过提供税收优惠、土地供应、人才引进等优惠政策，降低企业的投资成本，提高投资回报率。此外，国有资本投资公司还能协助企业解决在投资过程中遇到的各种问题和困难，为企业的顺利入驻和运营提供有力保障。

（三）长期发展眼光与稳定性

国有资本投资公司通常具有长期发展眼光和稳定性，这在产业链招商中尤为重要。它能够关注产业链的长期发展潜力和价值，挑选出具有核心竞争力和市场前景的企业进行投资。同时，国有资本投资公司还能在产业链招商过程中保持政策的连续性和稳定性，为企业提供良好的投资环境和发展机遇。这种稳定性有助于形成具有竞争力的产业集群，提高整个地区的综合竞争力。

（四）产业链分析与规划

在产业链招商过程中，国有资本投资公司需要进行深入的产业链分析和规划。它会对目标产业进行深入研究，了解该产业在全球范围内的发展动向和趋势，以及该产业在当地的发展潜力和优势。同时，国有资本投资公司还会根据当地的产业基础和资源禀赋，制订符合当地实际的产业链发展规划。这种产业链分析和规划有助于发现产业链中的薄弱环节和潜在机会，为产业链的完善和发展提供有力支持。

（五）资源整合与优化配置

国有资本投资公司在产业链招商中还具有资源整合和优化配置的能力。它能够整合各方资源，包括资金、技术、人才等，为产业链的发展提供有力支持。同时，国有资本投资公司还能根据产业链的实际需求和发展趋势，对资源进行优化配置，提高资源利用效率。这种资源整合和优化配置有助于形成具有特色和优势的产业集群，提高整个地区的产业竞争力。

（六）风险防控与提供保障

在产业链招商过程中，国有资本投资公司还承担着风险防控和提供保障的职责。它会对投资项目进行严格的筛选和评估，确保投资项目的可行性和安全性。同时，国有资本投资公司还会建立完善的投资管理机制和风险防控体系，对投资项目进行全程跟踪和监管，确保投资项目的顺利推进和运营。这种风险防控和保障有助于降低投资风险，提高投资回报率，为产业链的发展提供有力保障。

综上所述，国有资本投资公司在产业链招商中发挥着重要的引导和推动作用。它在投资引导、政策支持、长期发展眼光、产业链分析与规划、资源整合与优化配置以及风险防控与提供保障等方面，为产业链的发展提供有力支持，推动地方经济的持续发展。

二、国有资本投资公司与招商部门的角色与分工

（一）明确目标与定位

在产业链招商的过程中，国有资本投资公司与招商部门首先要共同明确目标与定位。国有资本投资公司需要清晰地阐述其重点投

资的产业链方向和战略意图，确立投资的核心领域和预期目标。这一定位应基于深入的市场分析、行业趋势预测以及公司的长期发展规划。招商部门则必须紧密围绕这些方向，结合本地区的资源和优势，制订出切实可行的招商计划和确定目标企业名单。这一步骤至关重要，它为后续的招商活动奠定了坚实的基础。

（二）信息共享与资源整合

信息共享是实现高效招商的关键。国有资本投资公司应主动提供其掌握的产业信息、市场动态、技术发展及投资意向等关键数据。这些数据对于招商部门精准定位目标企业、了解行业动态和竞争态势具有极其重要的价值。同时，招商部门要积极利用这些信息，结合本地区的土地、税收、人才等资源，进行巧妙的整合和配置。通过打造具有吸引力的投资环境，提高目标企业入驻的可能性。

（三）协同制订招商策略

国有资本投资公司和招商部门必须紧密合作，共同制订招商策略。这包括设计优惠政策、明确服务承诺以及精心准备投资环境介绍等。优惠政策应具有针对性，能够切实减轻企业的负担，提高其投资回报率。服务承诺则要明确、具体，让企业感受到真诚与专业。此外，双方还应根据目标企业的实际需求和特点，量身订制招商方案，从而增加本地区的吸引力。

（四）联合开展招商活动

为了更有效地推广本地区的投资环境和优势产业，国有资本投资公司和招商部门可以联合举办各类招商活动，如投资洽谈会、产业对接会等。通过这些活动，与目标企业进行面对面的深入交流，直接展示本地区的投资潜力和产业实力。同时，这也是了解企业真实投资意向和需求的绝佳机会，有助于双方建立更紧密的合作关系。

（五）提供全程服务支持

招商不仅仅是引进企业，更要确保企业能够在这里稳定运营、持续发展。因此，招商部门需要为企业提供全方位的服务支持，从项目洽谈到落地运营，包括选址、注册、审批等各个环节的协助。而国有资本投资公司则可以在企业融资、市场开拓等方面提供有力的支持和帮助，确保企业在本地区能够快速成长、稳健发展。

（六）持续跟踪与反馈

招商工作并非一蹴而就，而是需要持续的跟踪与反馈。招商部门应定期了解已引进企业的运营情况，及时解决企业在发展过程中遇到的问题。同时，国有资本投资公司也应根据企业的反馈和市场变化，灵活调整投资策略和方向，确保资源的合理配置和高效利用。

（七）共同营造良好投资环境

一个优质的投资环境是吸引企业入驻并长期发展的关键因素。因此，国有资本投资公司和招商部门需要共同努力，不断完善地区的基础设施建设、政策法规等方面，以打造更具吸引力的投资环境。同时，通过媒体宣传、成功案例分享等方式，提升本地区的知名度和影响力，吸引更多的优质企业入驻。

国有资本投资公司与招商部门在产业链招商中的配合需要建立在明确目标与定位、信息共享、策略协同、活动联合、服务全程、持续跟踪和共同营造良好投资环境的基础之上。这样的配合将有助于提高招商效率和成功率，促进地区产业链的完善和发展。

第二节　产业链招商的内容和特征

招商引资的内在条件和外部环境发生了深刻变化，特别是土地、信贷、能源等方面的政策日益紧缩，促使各种生产要素加速流动，产业升级、转移和聚集发展的趋势更加明显。优惠政策对投资者的吸引力越来越小，以集聚上下游产业、降低综合配套成本、拉长产业链条、培育优势支柱产业为主要内容的产业链招商，正以其独特的吸引力越来越受到关注和重视。以资本为纽带的产业链招商是新时期产业发展的新主题。

一、产业链招商定义

产业链招商是指围绕一个产业的主导产品，以及与之配套相关的原材料、辅、零部件和包装件等，形成供需"上下游"的产业链条关系，通过吸引投资，谋求共同发展，最终形成倍增效应，增强产品、企业、产业乃至整个地区综合竞争力的招商模式。

（一）产业链招商的特征与转变

产业链招商作为一种先进的招商模式，其特性明显，且相较于传统招商模式有了显著的转变和进步。

1. 产业链招商的特征

（1）政府服务角度：以产业发展政策为指引，依靠支柱产业，结合未来趋势，力求构建完整的产业链条，进而扩大招商引资的成效。

（2）企业主体角度：侧重于推动产业链上下游企业间的协同合作，实现共同发展和互利共赢。

（3）市场角度：市场力量在这里发挥关键作用，通过市场对资源的配置来强化产业间的关联性。

（4）综合效益角度：意在提高产业链中各要素之间的匹配与依存，着眼于长期回报。

（5）发展目标角度：旨在通过产业发展来集聚资源，从而增强综合竞争力，实现产业的倍增效应。

2. 招商模式的转变

（1）从全民招商到专业化招商：专业化招商团队成为主体，依据产业链分析进行精准招商，提升了招商引资的质量和效率。

（2）从低水平重复到提升产业层次：产业链招商不仅关注数量，更重视质量。它着眼于产业升级，引进龙头企业，强化和补齐产业链，推动产业集群的发展。

（3）招商观念的转变：由原先单纯引进资金和项目，转变为同时引进资金、人才、技术和管理，这种综合引进模式更有利于产业的全面和持续发展。

这些特征和转变共同体现了产业链招商的先进性和实效性，它不仅符合产业发展的内在规律，也能有效降低产业成本，拓展发展空间，优化产业环境，进而提升产业的竞争力和可持续发展能力。通过不断创新招商方式，如科技招商、大数据招商、资本招商等，产业链招商将进一步推动产业的升级和转型。

（二）产业链招商的关键

产业链，作为产业经济学中的一个概念，描述了各个产业部门之间基于技术联系和时空布局形成的链条式关联形态。它通常可以从垂直供应链和横向协作链两种展现形式来观察。垂直供应链反映了产业的上游、中游和下游关系，而横向协作链则突显了产业的服务与配套。

在这样的大背景下，产业链招商显得尤为重要，它是一个庞大且复杂的系统工程。为了有效地进行产业链招商，需要关注以下几个关键问题。

（1）识别和培育优势特色产业：首先，要对当地的产业链进行深入分析。这不仅仅是了解现有的产业分布，更重要的是找出那些具有优势和特色的产业，然后进行重点培育和壮大。通过这种方式，可以形成较为完备的产业链集群，为后续的招商引资创造有利条件。

（2）细致分析并优化产业链环节：对于产业链的每一个环节，都需要进行细致的分析。对于产能过剩的环节，需要进行优化组合，以提高效率和减少浪费；对于薄弱环节，应给予扶持和壮大，以确保整个产业链的稳健；而对于缺失的环节，则需要进行再造和"输血"，以确保产业链的完整性。同时，结合实际，对产业链进行适当的延伸，也是非常重要的。

（3）引进龙头企业和重点项目：龙头企业在产业链中扮演着至关重要的角色。通过引进这些企业以及与其相关的重点项目，可以带动整个产业链的升级和完善。当龙头企业落户后，其配套企业也可能会被吸引到当地投资，从而形成以商引商的良好局面。

（4）遵循产业发展规律：产业发展有其自身的规律和趋势。在进行产业链招商时，必须紧密关注这些规律和趋势，不断挖掘和培育新的产业链。这样不仅可以为招商引资创造更多的机会，还可以确保当地的产业始终保持在行业的前沿。

综上所述，产业链招商是一个需要深入研究和长期投入的过程。只有真正把握住上述关键问题，才能确保招商的成功，并为当地的产业发展注入新的活力。

二、产业链招商的价值与意义

（一）对于企业的价值

（1）成本降低：企业集聚在产业链配套区域，不仅降低了选址、谈判等前期成本，还能通过资源共享和物流优化进一步降低运营成本。

（2）创新加速：在产业链环境中，企业能够更快速地获取新技术、新工艺和市场信息，促进技术创新和产品升级。

（3）品牌提升：与知名企业同处一条产业链，能提升中小企业的品牌知名度和市场影响力，促进合作和共赢。

（二）对于政府的价值

（1）科学招商：政府通过制订科学的产业发展规划和精准招商策略，能够更有效地吸引目标企业，提高招商引资的质量和效率。

（2）以商引商：产业链招商模式能够吸引产业链上下游企业聚集，形成良性循环，促进区域经济持续发展。

（3）优化资源配置：产业集聚有助于优化资源配置，提高资源利用效率，避免恶性竞争和资源浪费。

（三）对于产业本身的价值与意义

（1）高质量发展：产业链招商有助于提升产业的整体水平和竞争力，推动产业向高质量发展转变。

（2）促进双循环：产业链招商有助于深化供给侧结构性改革，

促进国内国际双循环互促共进，构建新发展格局。

（3）维护产业链安全：通过补齐产业链供应链短板，提升产业自主创新能力，产业链招商有助于维护我国产业链的安全和全球地位。

（四）进一步的思考

（1）生态协同：产业链招商不仅仅是企业的简单聚集，更重要的是形成生态协同，促进产业链上下游企业之间的深度合作和共赢。

（2）政策引导：政府需要制定更加精准、有效的政策，引导产业链招商向高质量发展、绿色发展和创新发展转变。

（3）创新驱动：产业链招商需要强化创新驱动，推动企业在技术创新、管理创新、模式创新等方面取得突破，提升整个产业链的竞争力和可持续发展能力。

（4）国际合作：在全球经济一体化的背景下，产业链招商需要更加注重国际合作，引进国际先进技术和管理经验，提升我国产业的国际竞争力。

第三节 产业研究及招商运营策划

产业链招商是一种系统化、科学化、专业化的招商方式。因此，招商人员需要做好充分的筹备工作，这是开展产业链招商的重要前提。本节将帮助招商人员厘清产业链招商思路，明确产业链招商的研判方向和评估维度。

一、产业定位及规划

产业链招商能够为经济发展注入新的活力，但在具体实施过程中也存在诸多问题。例如，区域产业特色不显著，同质化现象严重，甚至引发各区域产业、企业和产品的无序和恶性竞争。因此，开展产业链招商需要做好充分的定位研判，以确保产业链招商的精准性、高效性和可持续发展。

（一）产业定位价值

1. 产业精准定位能够引导产业转型升级

建设现代化经济体系的核心在于建设现代化产业体系，而建设现代化产业体系的关键在于加快产业转型升级步伐。产业转型升级主要包括行业结构转型、要素结构转型、贸易结构转型和发展方式转型四种类型。产业转型升级是指在科技创新和制度创新双轮驱动下，一个地区产业沿着全球价值链不断从低端向中高端攀升，从低附加值、低技术含量的生产加工环节向高附加值、高技术含量的研发、设计、关键零部件生产等环节转变。因此，开展产业链招商，首先要设定产业转型升级的目标，提升产业核心竞争力，确保产业可持续发展。

2. 产业精准定位能够引导产业资源有目的地聚集

产业定位应力求突出地方特色，避免产业覆盖领域大而全。核心原因在于热门产业"赛道"竞争激烈，筛选出本区域具有相对优势的细分领域，能在特定领域建立竞争优势。特别是对于新进入某产业领域的地区而言，本地产业基础较为薄弱，产业自身吸引力弱，通过产业研判、本地与产业相关的竞争优势研判，筛选出可行性高的入门"赛道"，能够降低区域产业布局入门门槛，打破产业发展僵局。另外，精准的产业定位有利于突显区域特色，便于区域进行产业品牌的打造，有目标有重点地吸引相关项目，投入相关政策、配套设施或招商资源，逐渐形成产业集聚规模效应。

3.产业精准定位有助于提升招商运营效率

引导产业转型升级、向高质量发展是应对国内外竞争的必然趋势和必然选择，然而产业发展目标的实现相对周期长、成本高。在区域产业导入及运营过程中，从土地收储及开发成本，到产业补贴政策支出，再到各类产业平台搭建投入，区域政府在产业发展中面临着大量的资金投入。一旦产业资金投入无效或低效，将会造成资金或资产的严重浪费或限制。比如，近年来许多地方建设了产业园载体，但由于厂房参数及配套设施不满足或达不到产业链企业入驻要求，厂房载体大量空置。再比如，某些地方产业补贴政策支出较高，但最终并未形成产业集聚优势，很多企业如"候鸟"般享受完政策补贴后即从本地迁出。上述现象的产生，与产业定位不清晰、产业发展目标及配套服务不明确、盲目进入及投资不无关系。

4.产业精准定位是进行科学规划的前提

产业体系本身的复杂性及产业发展长期性要求围绕产业发展进行系统化、前瞻性、有步骤的规划。产业定位是科学开展产业规划、空间规划、招商策划等规划策划工作的前提。首先，产业定位为产业生态规划提供聚焦靶点，从而为特色优势产业生态的打造提供着力点；其次，产业定位为产业路径规划提供目标导向和约束条件，以提升产业发展的可行性及持续性；再次，产业定位为功能分区、建筑设计等空间规划提供关键指标参数，以提升基础设施及物业产品的匹配率及利用效率；最后，产业定位为招商策划提供政策、为人力资源的供给提供扩展边界，以提高招商政策、人力资源的供给效率及专业度。

二、产业定位关键步骤

当明确了主导产业后，接下来将围绕主导产业进行深度研究，进一步明确主导产业的招商方向、产业上下游及招商内容。

一条完整的产业链有众多细分领域。以生物医药产业链为例，可分为化学药制剂、生物制品、中药、医疗器械、医药商业、医疗服务等多个细分领域。不同细分领域的产品和业务不同，赢利模式、发展阶段和发展水平也存在差异，产业发展对生产要素、市场及政策的需求也不同。因此，需要在产业发展背景分析的基础上，结合当地的资源禀赋及相应的产业配套情况，确定适合当地发展的细分领域，并在此基础上开展产业链招商。

1. 产业赛道选择

对目标产业的内涵外延、产业链结构、发展现状趋势等进行研究解读是进行产业定位的基础性、必要性工作。要全面分析产业结构、产业龙头、产业趋势以及产业发展潜力，产业基本情况、市场规模、竞争格局、发展趋势及相关政策都需要综合考虑。其中，产业基本情况分析维度包括产业定义、国内外分类标准及应用领域等；市场规模分析维度包括产量、产值、复合增长率等；竞争格局分析维度包括市场集中度及主要参与企业等；发展趋势包括短、中、长期发展动态；相关政策包括宏观经济政策和产业政策。

主导产业是先导产业，是推动经济增长和结构调整的新生力量，但在现实国民经济中却不一定占有较高的经济比重，而是表现为较快的行业成长和经济增长速度，比如高科技产业、信息产业等。对于主导产业的综合研判是一个地区进行产业布局、制定产业发展政策和区域经济发展战略规划的重要内容。精准研判主导产业，可以优化地区经济结构，增强地区产业核心竞争力，具有重要的现实意义。主导产业一般通过定性预选、定量预选两种方式进行研判，其中定性预选是研判的重点，主要围绕产业增长潜力、产业带动能力、产业经济效益、产业科技信息化水平、产业专业化水平、产业吸纳劳动力水平等维度进行分析。

（1）产业增长潜力研判。产业增长潜力研判是选择主导产业的前提。应根据本区域产业基础及资源禀赋，从产业规模、产业效益、产业管理、产业增长等方面进行研判。

（2）产业带动能力研判。产业对区域经济发展的带动能力是选择主导产业的必要条件。主导产业的选择必须充分考虑它对相关产业的带动作用，以及是否具有较大的前后向联系和影响。这种关联能对一系列部门起到带动与推进作用，并使这些部门派生出对其他部门的促进作用，从而产生经济发展中的连锁反应和加速效应。例如，汽车产业具有较高的产业关联度，在国民经济诸多部门中，汽车产业属于带动面大、波及范围广的产业之一，可以带动钢铁、石油、橡胶、玻璃、电子、油漆、人造革、塑料等行业的发展。

（3）产业经济效益研判。作为区域主导产业，相较于其他产业，须具有经济竞争力强、经济效益高、发展速度快、发展前景广阔等特点。因此，只有高增长性的产业才可以辐射相关产业促进其发展，从而促进区域经济发展及 GDP 值的提高。

（4）产业科技信息化水平研判。随着科技的快速发展，产业的科技水平为产业转型升级和高质量发展赋予了新的动能。所选主导产业应当能够集中地体现技术进步的主要方向和发展趋势。以电子信息产业为例，它是世界新技术革命浪潮中最活跃的新兴产业，凝聚着最先进的科学技术，深刻地影响着现代工业的发展。

（5）产业专业化水平研判。产业专业化是指为实现规模经济，从事同一行业的企业在同一地域范围内集聚，如美国硅谷的 IT 产业、日本名古屋的汽车产业等。产业专业化不仅能够使企业从规模经济中受益，还是地区经济发展的重要推动力量。

（6）产业吸纳劳动力水平研判。我国人口众多，各地都面临着一定的就业压力。主导产业应具有强大的劳动力吸纳能力，能够创造大量就业机会。这样不仅可以缓解就业压力，还能充分发挥我国劳动力资源丰富这一比较优势。以汽车产业为例，它可提供较多的劳动就业机会。由于汽车的使用面广、流动性大，其吸收直接和间接就业人员的容量和能力都是十分可观的。

2. 产业基底调研

开展产业链招商的第一步是要摸清家底，这包括但不限于本地企业、园区平台、基础设施、原材料供给、产业政策、基础设施等方面的调研分析，以进一步研判产业链招商的可行性及难易度。

（1）产业承接平台调研

对当地的载体情况进行分析，涉及以下内容：

第一是园区基本情况，如主导产业、载体类型、建筑容积率、建筑密度、基础设施配套、优惠政策等；

第二是土地利用情况，如计划总占地面积、已供应面积、可供应面积、计划总建设面积、已建设面积、待建设面积、工业及科研用地挂牌价等；

第三是物业载体情况，如土地存量及价格、厂房存量及价格、生产要素情况、有无与之匹配的电价及电容量、园区的配套情况（如天然气、蒸汽、污水处理设施等）等；

第四是载体管理运营情况，如水费、电费、物管费、租金、购地等；

第五是园区主要经济指标，如入驻企业数量、园区从业人数、代表性企业、近五年工业总产值、近五年利润总额等。

通过对以上五个方面的分析，可以判断当地对产业项目的承载能力。

（2）产业链相关企业调研

对本地产业链相关企业进行摸底调研，一方面有利于了解本地产业现状，为制订产业链策略（建链、延链、补链、强链）提供一手资料；另一方面通过对本地企业选址、经营及扩张需求的实地走访调研，有利于切实了解本地产业链企业的发展需求，构建适宜的相关产业生态，提供可供推进落地的问题清单。

3. 产业穿透研判

产业按广度分，可分为不同的"赛道"，如电子信息产业、高端装备产业、新能源产业等。产业按深度分，又可分为不同的层级，如新能激产业下分光伏、风能、氢能、锂电池等。若将光伏产业再拆分，又可以分为集中式光伏和分布式光伏。另外，将光伏产业按产业链拆分，还可以简单分为上游的硅片生产、中游的电池组装及下游的光伏运营。若将上中下游环节再拆分，又有电池片生产、光伏背板生产、EVA 胶膜生产、电池组装、逆变器生产、光伏安装运营等项目。综上所述，产业是一个庞杂的体系，是可以分类、分层、分链扩展和延伸的庞杂体系。

产业穿透的层次深浅是产业定位精准度评判的重要指标之一。以新能源产业为例，它是产业一级，而光伏产业为产业二级，光伏上中下游为产业三级，具体到电池片、逆变器等产品为产业四级。对于区域产业精准定位，需要进行产业层层穿透和剥离，才能找到与自身优势及机遇相匹配的细分"赛道"；对于区域开展产业链招商，层层穿透定位到产业四级，即产业链企业生产的产品或提供的服务层次，才能转化为可招商的项目。

三、产业规划内容

产业规划的核心目标是提升竞争力。从时间上来看，需要进行产业路径规划，规划内容需要覆盖短、中、长期，既要满足产业发展的前瞻性需求，又要考虑产业短、中期的落地性。从结构上看，需要进行产业生态规划。产业生态规划不仅要考虑单一产业链的上中下游关系，还需要考虑产业之间的关系，遵循生态学的理念，通过产业间彼此赋能，提升系统的抗风险能力。从空间上来看，需要进行产业功能规划。产业功能规划以集聚产业为手段，通过共享产业要素或基础设施，发挥产业的规模效应，增强产业链、供应链在空间上的协同能力，降低物流成本、交易成本等。

（一）产业生态规划

1. 规划目标

产业生态是产业定位的集成，结构上包含相关及支持产业，时间上涵盖短、中、长期的重点产业。产业定位选择及关系设计上须具备前瞻性、系统性、落地性及延展性，增强抗风险能力。

2. 规划逻辑

前瞻性原则：充分研判产业发展现状及趋势，筛选具有良好市场前景的产业"赛道"，或做好前沿产业在技术、资金、配套等方面的提前布局。

系统性原则：产业链或产业领域间彼此关联、耦合，或者可以共享原材料、劳动力、基础设施、专业服务等要素市场，或者下游应用或销售市场相通。

落地性原则：产业生态规划一方面需要满足近期产业链招商的可行性要求；另一方面要满足向产业链上下游或相关产业领域延展的可行性要求。

3. 规划内容

纵向：对各产业细分"赛道"进行穿透式的必要性及可行性论证。

横向：产业链上下游、相关产业、配套产业之间的关系研究与规划。

（二）产业路径规划

1. 规划目标

设定特定区域不同阶段的发展目标；阐明产业在不同时间阶段的发展重点；产业在不同阶段的发展脉络需要具备相关性、连贯性。

2. 规划逻辑

一阶段：从产业生态图中选择一个或多个突破点。一般将既符合产业发展趋势，又具备本地招商可行性的产业领域或环节作为突破点。首先确保筛选出来的产业领域或环节初步规模化集聚，逐步形成特色产业集群，使区域产业品牌初步具备宣传亮点。

二阶段：在一阶段特色产业集聚的基础上，向产业链上下游或产业生态图中的其他产业"赛道"进行布局延伸，逐步加深产业之间的关联性。

三阶段：经过一、二阶段的产业集聚，区域在产业规模和产业结构上已具备发展的内生动力，对相关产业生态中的相关企业具备较强吸引力。此时，核心工作需要结合当下的产业发展新趋势，升级替代现有产业生态中的低附加值环节，或布局相关新产业"赛道"。

3. 规划内容

（1）划分产业路径时段。

（2）设定各阶段产业目标。

（3）明确各阶段重点产业定位。

（三）产业空间规划

1. 规划目标

将产业落位到特定的物理空间，使空间要素满足产业发展需求。

2. 规划逻辑

按照规划的空间范围不同，大体分为片区规划和建筑设计规划。片区规划须体现不同区域或功能区的限制与联动关系及各自定位；建筑设计规划，须在满足建筑设计规范的前提下，最大限度考虑产业项目生产经营需求。

3. 规划内容

（1）产业用地相关规划，保障用地需求。

（2）根据产业定位谋划空间功能区布局。

（3）根据产业定位设计产业园区载体及园区配套。

4. 使用方法

片区规划可依据产业空间规划调整土地用地布局、基础设施配套、特定产业配套等；建筑设计建议为产业园区开发或建筑研究院设计图纸，提供基于产业需求的建议，在施工图纸定稿前，将产业需求融入设计理念，避免载体建成后因与产业需求不匹配造成空置或浪费。

第四节　产业链招商策划

一、研究产业链招商策略

（一）依靠本地的要素禀赋进行招商

要素禀赋招商是综合考虑特定产业上游供给端产业要素供给能

力，包括但不限于自然资源、劳动力、基础设施配套等。其中，自然资源一旦具备，是难以模仿复制的优势禀赋，比如矿产资源、土地资源、林业资源、水资源等。例如，安徽滁州凭借优质的石英砂资源，吸引了多家光伏龙头企业投资集聚，并形成了全国著名的光伏产业基地。劳动力资源一直是经济发展不可忽略的要素资源，且随着经济发展水平的逐渐提高，机器替代人力的进程加快，高素质人才成为各国家地区争相抢夺的要素资源。

此外，基础设施配套往往是带动或制约一个区域经济发展的关键要素条件。随着产业经济发展进入新阶段，数据中心、城际高铁、特高压、充电桩等新基建的配套供给能力，日益成为促进或制约区域产业经济发展的新要素。随着越来越多的设备接入网络，工业互联、万物互联的时代将产生大量的数据。对数据的获取、挖掘和使用能力，越来越成为一个地区产业经济承载能力和发展潜力的核心衡量指标。

（二）依靠产业政策支持进行招商

产业政策是政府促进区域产业发展的有力抓手。产业政策按类型可以分为指导性产业政策和支持性产业政策。在招商引资过程中，主要涉及的是支持性产业政策。支持性产业政策在扶持基础产业发展或在产业建链阶段促进产业集聚方面发挥着重要作用。然而，支持性产业政策的制定及实施应该以明确的产业发展目标、政策扶持目标及清晰的产业发展路径作为依托，力争度过产业起步期后，摆脱在招商引资中对产业政策的依赖，发挥产业在品牌、供应链、市场、要素等方面的自身动力，形成吸引产业集聚的内生效应，避免"政策候鸟"现象的发生。

（三）通过为企业解决问题进行招商

在招商引资实操过程中，招商人员日常接触到的是具体企业，涉及企业筛选、企业接洽、企业跟进、企业谈判、企业落户服务等环节。想企业所想，急企业所急，让企业切实获得专业的服务，是提高客商满意度、提高项目落户概率的必要准备。产业链招商与传统招商相比，除了关注投资额、税收等经济指标及企业的投资意向度之外，需要将更多精力聚焦到对特定产业的研究和需求的满足上，以便达成产业集聚目标。

企业补短板招商核心同样是围绕着满足企业经营需求及降本增效展开。与要素禀赋、政策支持等提前准备的一揽子措施相比，不同的是，企业补短板招商更多应用于解决实际问题。企业到一个新的地方投资，一般会面临证照办理、市场订单、招工、用电用气等能源供给、物流运输等非常具体的问题。有些问题，企业凭借现有区域条件、制度措施或企业自身等难以解决，此时就需要招商人员针对性地给予协调帮助。例如，不少理念较为先进的生物医药产业园会成立企业专属医疗器械服务小组，为企业解决证照办理问题。

（四）依靠龙头企业带动进行招商

头部效应是指通过引入产业链上的链主企业，吸引其产业链上下游或周边配套企业在链主企业投资所在地周边进行产业布局的招商策略。

龙头企业凭借其在行业内及供应链上的议价能力，具有对上下游企业在空间集聚上的吸附力和号召力。龙头企业一旦在某个地方投资，出于对供应商的要求，或者对降低物流成本的需求，相关企业往往选择在龙头企业周边一定距离范围内进行投资，政府只要将龙头企业吸引过来，就将有大批相关企业跟随投资。

（五）依靠产业集聚优势进行招商

产业招商策略的制订不仅需要考虑产业基础，还需要考虑产业发展的路径。不同的产业发展路径带来的产业集聚效果不同：同类产业集聚带来产业规模效应，龙头企业引入带来供应链空间集聚效应，产业链上下游及相关配套行业集聚带来产业链生态效应。

1. 产业规模：同类吸引

产业集聚的规模效应是指在同一区域聚集同类或相关产业，以起到资源共享、成本降低、宣传力提升等效果的招商策略。此外，同类产业集聚有利于提升区内企业的竞争意识，激发创新。

鉴于产业体系的复杂性，区县政府（特别是产业基础比较薄弱，处于建链阶段的区县）在一定时间内，并非需要引入大而全的产业链体系。在资源、资金有限的情况下，也可以结合本地的比较优势，集中在某一产业领域或产业环节发力，以降低产业配套及招商专业性的难度。

2. 产业结构：产业上下游配套

结构效应，即平时提到较多的产业链招商，通过产业链的强链、补链等方式，完善产业链的上中下游布局，使具有供应链关系的上下游企业在空间上形成集聚。与聚焦单一环节的规模效应招商及聚焦链主企业的头部效应招商相比，产业结构招商（或称狭义的产业链招商），以其复杂且有序的产业结构关系，以及跨行业的产业链布局带来的产业高延展性，具有更强的产业韧性，不会因为单一行业的突发性风险或龙头企业经营不善，导致产业发展遭遇倾覆风险。

从这一角度来讲，以产业结构完善为目标的产业布局思路是产业集聚最终都会选择的路径。然而，在区域产业基础较为薄弱的阶段，即建链阶段，可以先从规模效应及头部效应入手，以集中的资源和集中的精力投放，在较短时间内形成产业集聚，在形成初步的产业氛围、产业品牌、经济引擎后，逐步扩展产业链结构。

此外，由于特定空间范围的产业承载能级不一，在进行产业结构规划时，应适当跳出本地的产业空间范围，结合周边区域、特殊区域，甚至在全国范围考虑产业结构体系的搭建。例如，区县结合省市的产业资源及特征规划产业结构，内陆地区结合距离最近的口岸区域产业特征规划产业结构，能级较大但发展空间受限的地区结合所在城市群或经济圈的产业特征规划产业结构。

二、制作产业链招商图谱

产业招商图谱是将产业定位及招商策划的成果以图表等可视化方式进行呈现，以实现研究与实操步骤的有效衔接，提高产业定位策划成果的落地性和可读性，从而方便招商人员有的放矢、挂图招商、"按图索骥"，目前已成为广受各地政府欢迎的产业链招商落地方案表现形式。

通过绘制与分析招商图谱，可以锁定产业链招商目标。招商图谱包含内容如下。

（一）产业生态图

产业生态图，即产业目标图或产业未来图。进行产业链招商不仅要掌握本区域产业静态发展现状，还要明确未来发展的动态路径。区域产业生态图能够以图谱的形式，清晰地呈现产业发展路径及未来要打造的产业生态。如果区域内部形成彼此关联的产业生态，企业间因高关联度形成的稳定性会更高，因环境带来的合作机会不断增多。此外，产业生态的形成能够使单一维度（如政策）产生的变动对产业转移的影响降至最低，从而提高产业竞争力和抗风险能力。

（二）产业链全景图

产业链全景图是对产业链上中下游涉及的行业或产业环节进行全景式结构化呈现。通过产业链全景图可以获得对某一类或某一层产业的整体认知，从而结合本区域产业发展现状及需求，进一步明确本地优势产业、薄弱产业、缺失产业，为了解产业现状、确定产业链招商重点、制订产业链发展路径提供产业框架参考体系。

产业链全景图结构，从横向来看，一般分为上游、中游和下游。上中下游一定程度上体现了供应链关系，即上游一般为资源、材料、设备等供给领域，中游为体现产业链核心特征的子领域或半成品领域，下游为最接近市场端的应用领域。

从纵向来看，产业分类从一级到四级，精细程度逐渐加深。电子信息为产业一级，电子元器件为产业二级，射频元器件为产业三级，滤波器为产业四级。每一层级细分领域又可以分别绘制更精细的包含上中下游的产业链全景图。产业四级一般可以穿透至产品层或项目层，能精准对应提供产品或服务的企业。对于招商工作来说，日常更多接触到的是企业或者具体投资项目，因此，产业链全景图的产业定位穿透能否达到产品层或项目层，是衡量产业链全景图（或称"图系"）精准程度的重要标志之一。

（三）产业现状图

产业现状图是以产业链全景图为参考，对本地及周边相关产业企业、相关资源、园区平台等进行调研后梳理绘制的图谱。以绘制产业现状图为目标的产业调研过程是"摸家底"的过程。产业现状图可以帮助招商人员在工作中"知己知彼"，在充分掌握自身优势产业领域和相关资源优势的基础上，与招商目标企业进行专业、高效的沟通。

在时间充足的情况下，产业现状调研工作不一定局限于本地。适当调研了解周边地区或所属行政区域、经济群、产业带的产业发展现状，将有助于把区域优势转化为自身优势，并避开竞争激烈的领域"赛道"，实现"借势发展""错位发展"。

（四）产业招商图谱

产业招商图是将经过研判适用于本地的、精准的产业领域、产业链环节、产业链项目、产业链企业进行图谱化展示。产业招商图可以帮助招商人员"按图索骥"，解答产业链招商工作中"招什么"这一关键核心问题。

从产业穿透层次来看，产业招商图一般要达到产业四级，即产品或项目层，并有与之精准对应的目标企业，才能为招商人员实操应用。招商人员在评估各环节招引的企业或项目数量时，可以遵循以下原则：一是核心产业领域需要形成规模化，有一至两家产业链龙头企业为宜；二是核心产业上下游或相关产业适当引入，但若要在本地形成实质性的上下游供应链业务联系，上下游或相关产业的数量宜规模化（至少达到两家），以激发同业竞争意识，促进市场竞争，使供应方的产品或服务的价格和质量在合理区间，为本地企业提供选择空间，从而提升本地企业间彼此合作形成产业链或供应链关系的可能性。

（五）产业招商地图

产业招商地图主要解决"在哪里招引企业"的问题，并将该问题的解答以地图形式呈现，指引后续招商资源有效投放。产业招商地图制作分为两类，一类是以产业大数据为基础制作的产业聚集图；另一类是以头部企业清单为基础制作的产业招商地图。特别要指明的是，制作头部企业的产业招商地图，不仅要研究头部企业的总部分布，还要研究其子公司或生产基地的分布。因为一般的头部企业总部都会设置在北上广深等一线城市，而子公司和生产基地的分布特点则不同，考虑的因素会更加多元且与生产紧密相关。深入研究产业集聚区域分布，不仅能解决"在哪里招引企业"的问题，还能有效选择对标区域，为本地产业链招商引资提供指引。

（六）目标企业名录

产业链目标企业名录是对产业招商图的进一步细化，也是开展产业链定向招商的重要工具。按照目标招商领域，将招商企业分类梳理，列明企业生产的产品、提供的服务、地址和联系方式等。

第五节　关于"合肥模式"

一、"合肥模式"做对了什么？

（一）合肥的成绩

近年来，合肥这座城市在经济发展上取得了显著的成就，其背后的推动力正是被外界广泛赞誉的"合肥模式"。这种模式的核心在于合肥国资通过精准的投资策略，成功吸引了像京东方、长鑫存储、蔚来汽车这样的知名企业入驻，从而推动了合肥经济的快速增长。从 2010 年到 2022 年，合肥的 GDP 规模从 0.27 万亿元飙升至 1.2 万亿元，增速在全国 24 个万亿城市中位列前茅，成为名副其实的"最大黑马城市"。合肥引入并培育了新型显示器件、半导体和新能源汽车等新兴产业集群，实现了十年"换道超车"。

（二）声名鹊起的"合肥模式"

"合肥模式"的兴起并非偶然，它源于合肥市政府对产业发展的深刻理解和精准布局。合肥灵活运用投资基金这一工具，打造了一个庞大的国有基金体系，成功孵化并推动了一批具有代表性和影响力的产业和企业落地。这种模式在推动产业集群式发展、规模化扩张方面取得了显著成效，使合肥在多个新兴产业领域都占据了领先地位。合肥灵活运用基金这一投资利器，打造国有基金丛林，孵化并推动了一批典型产业和重点企业落地，尤其在推动产业集群式、规模式发展上取得了优异的成绩。

（三）成效显著

合肥的成就不仅仅体现在经济指标上，更在科技创新和产业发展方面得到了充分体现。在世界知识产权组织发布的 2022 年创新指数报告中，合肥跃居全球"科技集群"第 55 位，较上年大幅提升。在"2022 自然指数——科研城市"排名中，合肥也取得了显著进步，位列全球第 16 位。2022 年即使在疫情的影响下，合肥依然保持了强劲的发展势头，新增了大量的高新技术企业、科技型中小企业和专精特新"小巨人"企业。

（四）核心逻辑与具体做法

"合肥模式"的核心逻辑在于以投带引的资本招商策略。具体来说，就是由国资委牵头，通过构建一个多元化、立体化的投融资体系，以合肥建投集团、合肥产投集团、兴泰控股等三大平台为资本纽带，聚焦市委、市政府确立的战略性新兴产业发展目标。这种策略充分发挥了国有资本的引领带动作用，撬动了社会资本的投资热情，推动了项目的快速落地和产业的蓬勃发展。

在具体操作上，合肥国资作为基石投资者，积极投资入股龙头企业和重大项目，以此吸引战略投资者跟进参与长期投资。在项目取得成功后，再通过资本市场定向增发、企业回购等形式有序退出，实现了投资收益的良性循环。这种操作模式在蔚来中国项目中得到了充分体现，合肥建投集团与多家主体合作，成功推动了项目的快速落地和市场的积极反应。

（五）未来发展展望

展望未来，合肥市政府将继续坚持"合肥模式"，加快推动现有产业集群的壮大和升级。同时，合肥也将积极开拓新的领域和赛道，加快量子信息、空天科技、应急安全等领域的产业化步伐，并积极发展先进核能、类脑智能、元宇宙等未来产业。通过这些努力，合肥将进一步巩固其在全球科技创新和产业发展领域的领先地位，为中国的经济发展贡献更多的力量。

二、合肥为何能够成功

"合肥模式"风靡全国，离不开合肥市委、市政府的坚强领导，他们一任接着一任干，一张蓝图绘到底。十多年下来，合肥的成功印证了他们的战略眼光、定力和魄力，令人印象深刻。

首先，合肥历任政府官员，保持了产业战略定力，从上到下坚定围绕"芯屏汽合""集终生智"战略产业链进行布局发展，不另起炉灶。这种政策延续性和稳定性为合肥产业发展、招商引资项目和优化营商环境起到了巨大作用。

其次，合肥市强大的国有资本投资平台发挥了核心主体的作用。截至 2022 年，合肥建投集团、合肥产投集团、兴泰控股三大市属平台公司总规模超过 7800 亿元，净资产超过 2800 亿元，成为合肥重大战新项目引进与建设的出资主体和运营主体。

以合肥建投集团为例，截至 2022 年，该平台向各类产业项目完成现金出资约 1100 亿元，参与项目累计完成投资近 3400 亿元，退出资金约 710 亿元，实现收益约 330 亿元，实现了国有资本保值增值和战新产业蓬勃发展的双赢。

再次，"链长制"赋能产业链管理。2020 年，合肥市启动"链长制"，为 12 条重点产业链（集成电路、新型显示、创意文化、网络与信息安全、生物医药、节能环保、智能家电、新能源汽车、光伏及新能源、高端装备及新材料、人工智能、量子产业）配备链长。2022 年，合肥市将原来 12 条重点产业链动态调整为 16 条重点产业链。

"强链"和"补链"是整个投资招商过程中的重点话题。在一条产业链上，龙头企业就是"链主"，而地方政府领导班子担任"链长"，二者一同来促进产业链上下游发展，通过详细的研究分析，有目的地主动出击，将缺少的产业要素或需要强化的产业项目招引到合肥来。

最后，产业生态完整，吸引上下游企业落户合肥。企业看中的是合肥成熟的产业生态和产业体系，一方面企业实现上下游协同效率高，另一方面产品可以找到市场和应用场景。

此外，科研人才集聚也是合肥产业成功逆袭的原因之一。合肥这两年在科技创新方面沉淀了一定优势，比如中科大落户合肥，为合肥产业发展输送了大量科研人才；国家大科学装置以及重点实验室数量迅速增长，都为合肥高端产业和新兴产业发展提供了支撑。

三、"合肥模式"能否复制

1. 政府引导基金的新阶段

自 2020 年以来，我国新增政府引导基金在规模和数量上均保持较为稳定的增长。然而，随着监管的日趋严格，加之早期设立的政府引导基金存在投资布局和定位不合理、基金政策目标交叉重叠、政府资金投资效率不佳等问题，多地政府引导基金开始进入存量优化整合、精耕细作的新阶段。在这一背景下，"合肥模式"因其独特的国资敢闯敢干的风格而备受关注。

2. "合肥模式"的独特性与借鉴意义

尽管"合肥模式"因其成功而广受赞誉，但各地的发展战略因地制宜，难以直接复制。然而，其背后的创新思维却值得借鉴。合肥市委原书记虞爱华强调，合肥不是"风投"而是"产投"，不是"赌博"而是"拼搏"。这种对产业发展的深刻理解和执着追求，以及由此形成的浓厚干事、创业氛围，是"合肥模式"难以复制的核心所在。

3. 完整的产业投融资体系

合肥的成功离不开其完整的产业投融资体系。例如，合肥市天使投资基金已形成了"1+14+3"的架构，总规模达到 20.52 亿元，有力带动了合肥各区域产业的均衡分布和齐头并进。此外，合肥国资在孵化投资项目时并不谋求控股，而是以长期利益为目标，持续为企业赋能，这种全生命周期的服务与扶持模式，也是"合肥模式"的独特之处。

4. 有为政府与有效市场的结合

"合肥模式"的成功，既离不开有为政府的顶层设计和国资引领，也离不开有效市场的资源配置作用。政府通过前瞻性布局和规划，保证了产业政策的连续性和稳定性；同时，政府也充分尊重投资团队的专业判断，让市场在资源配置中发挥决定性作用。这种有为政府与有效市场的结合，为合肥的产业发展提供了强有力的支撑。

5. 干部队伍的专业化素养

合肥上下注重干部队伍专业化素养和能力提升，通过不断学习和交流，让干部成为懂经济、会发展的行家里手。这种注重干部队伍建设和专业化素养提升的做法，为合肥的产业发展提供了坚实的人才保障。

6. "合肥模式"的未来发展

"合肥模式"仍在不断创新发展中。随着时代的变迁和产业的发展，合肥将继续探索和完善其独特的产业发展模式，以应对新的挑战和机遇。未来，"合肥模式"将如何发展，仍值得我们关注和期待。

第六节　案例与反思

中航锂电（现更名为中创新航），一家起步于洛阳，却发展壮大于常州的新能源汽车电池企业，其发展轨迹以及地方政府在该项目的投资与招商方面的表现，成为了中国产业发展史上一个有趣而发人深省的案例。洛阳人很失落，洛阳市政府也在反思，为什么自己辛辛苦苦"养大的孩子"，结果却被别人"抱走"了？

一、前因后果

中航锂电的发展历程充满了戏剧性和挑战性。从洛阳央企子公司到常州地方国有企业的转变，再到如今的行业领军企业，中航锂电的成功并非偶然。

首先，中航锂电在成立初期就凭借军品技术积累、央企背景和上市公司支持，迅速获得了市场青睐。特别是在 2013 年和 2014 年，中航锂电连续保持我国商用车市场装机量第一，成为国内动力电池行业的领军企业。然而，随着国家对新能源汽车补贴政策的调整，中航锂电的装机量断崖式下跌，2017 年、2018 年连续出现大额亏损，公司陷入严重困境。

在这个关键时刻，常州市金坛区决定通过资本运作"抄底"中航锂电。他们组建专业团队进行深入分析，决定与新设立的公司共同出资 40 亿元，其中金坛区出资 70%，中航锂电出资 30% 但拥有控制权。金坛区不仅一次性投入 28 亿元为项目提供资金保障，还允许中航锂电将知识产权等无形资产作价评估，减少实际出资金额。这一举措不仅加速了项目落地，也为后续争取中航工业集团的支持打下了坚实基础。

随后，金坛区持续作价增资，累计投入超过 50 亿元，彰显了与企业共同进退的决心。同时，他们还帮助中航锂电引入外部融资，陆续引进厦门国资、小米长江、红杉凯辰等外部投资者，优化股权结构。此外，金坛区还主动为企业提供担保，帮助企业争取政策性金融支持。

在常州市金坛区的积极运作下，中航锂电实现了由洛阳央企三级子公司向常州地方国资控股企业的转变。经过大刀阔斧的改革和持续投入，中航锂电逐渐走出低谷，实现了爆发式增长。目前，中航锂电已经更名为中创新航，并在香港成功上市，成为中国新能源汽车电池行业的头部企业。

从中航锂电的发展历程中，我们可以看到政府对于产业发展的决心和投入。常州市金坛区通过资本运作和改革，成功将中航锂电打造成为行业领军企业。同时，我们也应该看到，产业发展需要政府、企业和社会各方的共同努力和协作。只有形成合力，才能推动产业不断向前发展。

二、常州对中航锂电的投资：一场漂亮的翻身仗与洛阳的深刻自省

2015 年的常州，做出了一笔一次性的巨额投资——28 亿元，用以支持中航锂电动力电池项目。这项投资在当时无疑引起了广泛的关注和讨论，毕竟如此巨大的投入对于任何一个城市来说都是一项重大的决策。常州市政府展现出了坚定的决心和长远的眼光，因为他们看到了中航锂电的巨大潜力和未来的市场前景。

然而，市场的变化总是难以预测。中航锂电在随后的几年里遭遇了巨大的挑战，甚至在 2018 年陷入了巨额亏损的境地。面对这样的困境，常州市政府并没有选择放弃，而是选择了顶住压力，将中航锂电从洛阳的一家央企子公司转变为常州的地方国有企业。这一决策不仅是对中航锂电的极大支持，也体现了常州市政府对于新能源产业的坚定信念和长期布局。

经过常州市的资本运作和改革，中航锂电实现了爆发式的增长。其出货量排名从行业第九一跃成为第三，这样的成绩足以证明常州市政府的决策是正确且富有成效的。而更为令人瞩目的是，中

航锂电在 2022 年 10 月 6 日成功在港交所实现 IPO，市值一度超过 600 亿元。这无疑是对常州市政府 2015 年投资决策的最好回报，也是对整个新能源产业的一次巨大推动。

作为这个故事的另一方，洛阳也在经历着深刻的自省。面对中航锂电的崛起和常州的成功，洛阳意识到自己在招商引资和产业发展方面还有很大的提升空间。因此，洛阳将 2023 年的 GDP 增速目标锁定在 7%，这是 2022 年增速（3.5%）的两倍。这一目标的设定不仅显示了洛阳对于未来经济发展的高度期望，也体现了其集中精力拼经济的决心与魄力。

总的来说，常州对中航锂电的投资不仅实现了招商引资的落地，更凸显了政府的决心和远见。而洛阳的自省和新的发展目标也让人看到了两个城市在经济发展和产业布局上的新气象。未来，我们有理由相信这两个城市将会继续发挥各自的优势，推动新能源产业和整个经济的持续健康发展。

三、关于产业投资与招商的思考

常州对中航锂电的成功投资与洛阳的遗憾错过，为我们提供了深刻的反思和借鉴。

（一）善用专业人士，提升决策能力

在面临产业投资与招商的决策时，我们首先需要提升对风险机遇的判断力和资本运作的能力。常州市政府在决定投资中航锂电时，没有仅凭直觉或简单的经济指标，而是组织专业团队、聘请新能源领域专家进行深入论证。这种基于专业知识和市场洞察的决策模式，使常州能够更准确地把握市场脉搏，实现精准投资。

相比之下，洛阳市政府的犹豫和举棋不定，显示出其在风险机

遇的判断和资本运作能力上的不足。

（二）创新招商模式，实现与企业共进退

在招商引资方面，常州市政府采用了风投、创投的模式，与企业绑定利益、共同进退。这种新型的招商模式不仅体现了政府对于产业发展的深刻理解和长远眼光，也为企业提供了更加稳定、可靠的支持。相比之下，传统的优惠政策、土地、税收等招商方式已经显得过于简单粗放。在新时代，政府需要更加注重与企业之间的合作关系，共同推动产业发展。

（三）避免孤岛效应，系统研究和布局产业链

常州在引入中航锂电时，并没有将其作为一个孤立的项目来看待，而是将其纳入整个新能源产业链的布局之中。通过系统地研究和布局产业链，常州逐步形成了完整的新能源产业生态圈，为企业提供了从原材料供应到销售的全套服务。这种系统性的产业链布局不仅提高了产业的竞争力，也为企业提供了更加广阔的发展空间。对于国企改革来说，同样需要围绕整个产业链、供应链进行规划布局，以打造强大的现代产业集群为目标。

综上所述，常州对中航锂电的成功投资为我们提供了宝贵的借鉴经验。在未来的产业投资与招商工作中，我们需要善用专业人士、提升决策能力；创新招商模式、实现与企业共进退；避免孤岛效应、系统研究和布局产业链。只有这样，我们才能在激烈的市场竞争中立于不败之地，推动产业的持续健康发展。

（四）政府引导基金的运作思考

在中航锂电的案例中，洛阳市政府引导基金未能将其留在当

地发展，凸显了当前政府引导基金在实操层面面临的诸多挑战和困惑。这些挑战和困惑不仅存在于洛阳这样的经济相对欠发达地区，也普遍存在于国家级和地方各类政府引导基金中。

第一，政府引导基金在政策目标实现与保值增值之间常常面临两难选择。政府引导基金的本质是财政资金，其首要目标是实现政策目标，如促进产业升级、支持科技创新等。然而，作为一种资金投资方式，引导基金也追求保值增值，以实现资金的可持续运作。在中航锂电的案例中，洛阳市政府可能过于强调资金安全和预期收益，而忽略了其作为政府引导基金的政策目标。

第二，国有资本与社会化资本之间的关系也是政府引导基金需要面对的重要问题。政府引导基金往往需要与社会资本共同出资，形成合力推动产业发展。然而，在合作过程中，国有资本和社会化资本在投资理念、风险偏好、利益分配等方面存在差异，这可能导致合作过程中的矛盾和冲突。

第三，国有监管体制与市场化激励机制之间的矛盾也是政府引导基金需要解决的问题。政府引导基金受到严格的监管和约束，以确保资金的安全和合规使用。然而，这种监管体制可能会限制引导基金的市场化运作和激励机制的发挥，从而影响其投资效果和吸引力。

此外，政府引导基金在弥补市场失灵与绩效评价、让利退出与同股同权退出、LP（全称 Limited Partnership，译为有限合伙）身份与一票否决、到期清算退出与强制退出等方面也面临诸多挑战和困惑。这些问题的解决需要政府引导基金在机制体制上进行创新，以更好地适应市场变化和产业发展需求。

针对以上问题，政府引导基金可以从以下几个方面进行改进和创新。

（1）明确政策目标与市场化运作的关系。政府引导基金应明确其政策目标，并在此基础上制订符合市场化运作的投资策略。同时，应建立合理的绩效评价机制，确保政策目标的实现和资金的保值增值。

（2）加强与社会资本的合作与沟通。政府引导基金应积极与社会资本进行合作，共同推动产业发展。在合作过程中，应充分尊重社会资本的利益和诉求，建立合理的利益分配和风险共担机制。

（3）优化监管体制和激励机制。政府引导基金应建立科学的监管体制和激励机制，确保资金的合规使用和市场化运作。同时，应加强对投资团队的专业培训和激励，提高其投资能力和效率。

（4）创新退出机制和方式。政府引导基金应建立灵活的退出机制和方式，以满足不同投资项目的需求。在退出过程中，应充分考虑社会资本的利益和诉求，确保退出过程的公平、公正和透明。

由于各种因素的影响，政府引导基金自身面临的五大挑战和发展瓶颈如下。

（1）资金来源受阻。资管新规使得银行出资受阻，而新冠疫情带来的"后遗症"使得各级财政普遍压力巨大。

（2）资金账面闲置。这既有财政划拨体制问题的原因，又有同质化竞争下难以找到合适的 GP（全称 General Partner，译为普通合伙人）的原因。

（3）退出难。同股同权退出流程复杂，退出通道有限。引导基金面临流动性不足困境。

（4）绩效考核、激励与容错机制缺乏。实操中九龙治水，条款缺乏可操作性和针对性。

（5）利益冲突加剧。不同 LP 之间的利益诉求存在矛盾，国资出资比例不断提高，社会化资本参与意愿不足。

政府引导基金的核心价值在于其能够动态地弥补市场失灵。市场失灵并非静态不变，而是随着投资阶段、产业、地域以及科技成果转化等多个方面的变化而动态调整。在实践中，政府引导基金需要根据不同地域和经济发展水平的具体情况，动态把握市场失灵的表现形式，进而确定自身需要重点弥补的市场失灵类型。

这既需要考虑到共性，也要体现出各个地区的个性。

在推动地方基金行业发展时，政府需要发挥重要作用。首先，政府应推动地方国企建立可影响、可控的本土投资团队，并寻找与区域发展相匹配的合作机构。其次，政府应明确自身定位，避免直接参与市场竞争，而是发挥顶层设计的作用，释放区域活力，整合产业和金融资源，为本地企业和落地企业提供优质服务。在此基础上，政府可以出台一系列政策，如基金与管理人的奖补政策、激励与容错机制、企业的招引政策和返投招商政策等，以全面激发本地创投生态与活力。这需要各政府部门和地方国企形成合力，共同推动地方基金行业的健康发展。

当前，国内许多城市缺乏成熟的引导基金管理团队来设计和运营整体基金体系。因此，引导基金管理团队需要提前做好各方面的储备工作，包括人才、资金、项目等。当地方政府基金政策发生调整时，管理团队应抓住机会窗口进行布局，甚至可以考虑参与直投或合资投资。这将成为大部分城市推动基金行业发展的有效路径之一。

面对返投问题，政府与其硬性规定返投比例，不如从问题的根源出发，采取更为全面的策略。在出台鼓励股权投资的政策的同时，应着力通过孵化器、加速器、产业园等平台，培育更多元化的项目源。此外，持续加强引导基金的精细化投后管理至关重要。引导基金应作为资金端、项目端和政策端之间的桥梁，汇聚、整合并融合各方资源，为子基金和投资项目提供赋能和服务，从而更有效地发挥投资引导作用。

政府不应过分依赖或寄希望于将政府引导基金作为解决问题的唯一手段。相反，应当意识到打造以基金为抓手的产业生态、基金生态和人才集聚，需要产业界、政府部门、国企和科研院所的共同努力。生态意识，无论是对大生态还是小生态的把握，都是实现产业跨越式发展和招商引资的核心因素。在创投生态基础较好的地区，推动基金体系化发展是引导基金自我升级的重要方向，有助于各类基金的功能定位和分工合作进一步优化，以适应更加复杂的产业链和产业集群发展需求。

长期以来，缺乏市场化激励机制与容错机制一直是制约国有创投和政府引导基金持续健康发展的主要障碍。为了解决这一难题，国务院及相关部门已经出台了一系列政策和措施，各地政府也纷纷出台了相应的指导意见和管理办法。这些政策和实践探索为国有投资机构在激励和容错机制的设立与完善方面提供了有益的经验和启示，有助于在全国范围内进一步推动制度完善工作。

政府引导基金作为中国创投行业的特色与基本特征，在推动创新驱动发展中发挥着日益重要的作用。为了更好地发挥政府引导基金的引导和带动作用，消除当前存在的痛点和难点，需要业界进行深入的沟通与交流，系统总结相关经验与教训，达成共识。在此基础上，推动顶层设计和相关机制体制的进化与破局，是实现产业发展、项目招引和创新创业的必由之路。

第九章

国有资本投资公司与政府引导基金

第一节　政府引导基金概述

一、政府引导基金的概念

政府引导基金是近年来我国投资界的热点关键词，各种统计数据显示，目前政府引导基金累计认缴总规模达数万亿元，是资产管理行业的重要组成部分。然而，关于什么是政府引导基金，仍然没有一个法定或权威的定义，更多的是一种学术界提法或业界通俗说法。

1. 中央层面制度规则中没有政府引导基金的明确定义

也就是说，该名称没有直接出现在相关制度中，仅有"创业投资引导基金"（国务院）、"政府投资基金"（财政部）、"政府出资产业投资基金"（国家发展改革委）等类似的提法，这些名称出自不同的部门与规则，相互之间也有不少差异。

2018 年 4 月 27 日，中国人民银行、中国银保监会、中国证监会、国家外汇管理局等部门联合发布的《关于规范金融机构资产管理业务的指导意见》（银发〔2018〕106 号，以下简称"《资管新规》"）使用了政府出资产业投资基金的名称，并就是否适用《资管新规》做出了例外规定。2019 年 10 月 19 日，国家发展改革委、中国人民银行、财政部等联合发布的《关于进一步明确规范金融机构资产管理产品投资创业投资基金和政府出资产业投资基金有关事项的通知》（发改财金规〔2019〕1638号）对《资管新规》进行了回应，并进一步明确"本通知所称政府出资产业投资基金，是指包含政府出资，主要投资于非公开交易企业股权的股权投资基金和创业投资基金"。这两份文件均沿用了国家发展改革委印发的发改财金规〔2016〕2800号文《政府出资产业投资基金管理暂行办法》（下称"2800号文"）中的名称。因此，似乎可以理解，根据发改财金规〔2019〕1638号，2019年以后，财政部与国家发展改革委就政府引导基金达成共识，并同意共同使用政府出资产业投资基金这一名称。

因此，从制度规范层面理解，当前主管机关的官方文件中没有关于政府引导基金的准确定义，个别地方政府虽然有关于政府引导基金的相关概念，但是各地之间表述也各有差异，并不统一。目前市场上关于政府引导基金的表述更多的是一种通俗说法。

2. 实务界对政府引导基金的定义理解不一致

在实践中，政府引导基金的概念已经被广泛接受，但是不同场合仍然有不同的理解，主要是在出资来源方面。一般认为包含财政性出资的基金为政府引导基金，根据2015年财政部出台的《政府投资基金暂行管理办法》（财预〔2015〕210号，以下简称"210号文"）和2016年的2800号文等文件，政府投资基金或政府出资产业投资基金的政府出资来源主要包括一般公共预算、政府性基金预算、国有资本经营预算、中央和地方各类专项建设基金等财政性资金。

二、解构政府引导基金

要对政府引导基金做出准确定义，必须先了解其具体特征。对政府引导基金的理解应重点把握以下几个特征。

1. 实现政府意图

政府引导基金由政府参与设立，政府全资或部分出资。政府以出资为纽带，以国有资本投资公司为载体，在基金设立之初即注入了其意志，具有明显的政策性特征，政府意志体现在基金投向、返投比例、单项目投资比例、基金存续期限等各方面。对于政府全额出资 LP 的母基金，政府作为最大或唯一的出资人，对于基金本身的影响毋庸置疑，但对于参股子基金来讲，由于存在部分社会资本，政府意志的体现相对薄弱一些，但在近年私募股权投资资金募集相对困难的背景下，子基金管理人必须充分尊重政府的意见。

将政府意志注入政府引导基金可以确保政府引导基金投入符合国家或区域发展战略的产业领域，尤其是外部性强、市场失灵的领域，从而推动整个区域产业结构转型，实现科技创新。对于政府引导基金的政府意志，根据现行制度及实践，可以从以下两方面理解。

首先，不应将政府引导基金中的政府出资来源单纯理解为财政出资。如前所述，存在财政出资的政府投资基金或产业投资基金一般会被认为是政府引导基金。但是从体现政府意志的角度观察，国有企业出资的基金也较为明确地体现了政府意志。目前，在各级政府引导基金中，国有企业（含全资国企、控股国企、国企控股上市公司等）、人民政府（含各级人民政府、管委会等）、具体部门（含科技部等）、事业单位等均是直接或间接出资单位。

在一些国家级基金中，也存在财政部不直接出资的情形。因此，政府引导基金的政府出资认定标准可以从体现政府意志的角度理解，而不是仅强调财政性出资。在我国现行体制下，国有企业与财政系下属企业遵循的管理体制差异并不明显。

其次，并非所有包含政府出资的基金均为政府引导基金。政府引导基金的政府出资应达到一定比例，足以体现政府意志时方可称为政府引导基金。以财政性出资的政府引导基金为例，210号文与2800号文均未对政府出资比例有明确要求。2019年10月19日国家发展改革委等联合发布的《关于进一步明确规范金融机构，资产管理产品投资创业投资基金和政府出资产业投资基金有关事项的通知》（发改财金规〔2019〕1638号）首次提出了明确标准，明确政府出资产业投资基金中政府认缴出资比例不低于基金总规模的10%，其中，党中央、国务院批准设立的，政府认缴出资比例不低于基金总规模的5%，低于该出资标准的不得适用通知中明确的相关规则。此外，对于存在政府出资尤其是国有企业出资的，如果其角色纯粹是财务投资者的，在基金章程或运行文件中没有注入任何政府意志的，也不应视为政府引导基金。

2. 以产业引导为目标

产业引导一直是政府引导基金设立的初衷，这是行业共识，也是体现政府意志的核心内容。210号文与2800号文中对于政府引导基金的投向有明确要求，在地方政府的各项规范性文件中均有强调。产业引导应包括以下几个层面的意义。

（1）行业引导。引导社会各类资本投资于经济社会发展的重点领域和薄弱环节，支持相关产业和领域发展。例如，2800号文明确，政府出资的产业投资基金应主要用于以下领域：非基本公共服务领域；基础设施领域；住房保障领域；生态环境领域；区域发展领域；战略性新兴产业和先进制造业领域；创业创新领域。

（2）企业阶段引导。引导社会资本投资处于种子期、起步期等创业早期的企业，弥补一般创业投资企业主要投资于成长期、成熟期和重建企业的不足。处于早期阶段的企业存在较大的投资风险，社会资本一般不太愿意介入该阶段的企业投资，但是这类企业往往具有更强的外部性，若长期没有资本介入推动，就会出现失灵现象，因此通过政府引导基金的投资是一种较好的纠偏措施。

（3）区域布局引导。我国经济存在一定的区域发展差异，东部沿海地区产业结构完善，创新创业氛围好，而中西部地区产业布局相对落后。通过设立政府引导基金可以在一定程度上调整产业区域分布格局，如安徽、山东等省份通过设立政府引导基金导入了一批新兴产业企业，实现了区域内产业结构的转型升级。

3. 市场化运作

市场化运作是政府引导基金顺利运行的基本原则，也是政府引导基金效率的保障。《国务院办公厅转发发展改革委等部门关于创业投资引导基金规范设立与运作指导意见的通知》（国发办〔2008〕116号）就曾明确提出引导基金应按照"政府引导、市场运作，科学决策、防范风险"的原则进行投资运作。市场化运作原则贯穿于募资、投资、投后管理、清算、退出等基金全过程，尤其体现在投资决策机制、市场化利益分配方面，应"尊重专业、科学监督、利益共享、风险共担"。政府引导基金体现政府意志，主要体现在产业引导、返投比例等具体要求上，而投资方向等专业性事项仍然要尊重投资行业的市场规律，发挥市场在资源配置中的核心作用。政府引导基金通过市场化运作方式改变了以往通过拨款、补贴、担保等行政性管理手段对产业发展的支持，以基金特有的"委托—代理"治理结构参与市场运作，有助于提升市场效率。理解与把握政府引导基金的市场化原则，应注意以下几点。

（1）设立市场化实体。基金实体类型包括公司法人、有限合伙或契约型基金。在我国政府引导基金的探索期，政府引导基金一般以事业单位法人的形式设立，如116号文指出"引导基金应以独立事业法人的形式设立，由有关部门任命或派出人员组成的理事会行使决策管理职责，并对外行使引导基金的权益和承担相应义务与责任"。事业单位法人是非营利性组织，难以实现市场化。《关于财政资金注资政府投资基金支持产业发展的指导意见》（财建〔2015〕1062号）基于市场实践，明确要求政府引导基金应"结合政府投资基金定位、社会出资人意愿等，设立公司制、合伙制等市场化基金实体，坚持所有权、管理权、托管权分离。原则上不设立事业单位形式的政府投资基金；已设立事业单位形式基金的应当积极向企业转制，不能转制的应当选聘专业管理团队，提高市场化管理水平"。

（2）建立科学的投资决策机制。投资决策机制是投资基金的核心，是基金投资质量的根本保障。投资需要综合考虑产业发展、企业管理、市场信息等，非长期投入不可把握。近年来，我国各级地方政府出台的政府引导基金相关政策一般都明确政府不参与基金的投资决策，仅有限参与一些合规性事项。

（3）采用市场化的投资方式。处于不同阶段的企业有不同的投资方式，而投资方式又对基金的收益、退出具有重要意义。政府引导基金发展之初，政策曾明确指出其可以采用参股、融资担保、跟进投资或其他方式进行投资。随着政府对于引导基金的进一步理解，目前主要强调以股权投资方式进行投资，并明确不得进行担保、借贷以及二级市场投资，但可以购买上市公司定向增发、并购重组和私有化等股权交易形成的股份。

（4）遵循利益与风险共担机制。基于"谁决策、谁担责""谁出资、谁受益"的基本原则，政府引导基金引导更多社会资本投入国家鼓励和支持的重点领域和薄弱环节，推动基金在支持创新发展和产业升级方面发挥更大作用。同时，为更好地发挥政府出资的引导作用，政府可适当让利。《关于财政资金注资政府投资基金支持产业发展的指导意见》（财建〔2015〕1062号）等相关文件也明确提出"对于'市场失灵'突出的领域，设立基金可以采取向社会出资人让渡部分分红等让利措施，但必须控制财政风险，并确保市场机制充分发挥作用"。

三、确定政府引导基金定义

考虑到政府引导基金已经成为引导基金领域的核心名词，在业界、学术界甚至官方正式场合经常被引用或强调，而制度层面、学术界及实践操作中均没有统一的认识和界定，有必要对政府引导基金做出准确界定，规范市场操作，提升行业共识度，从而推动政府引导基金高质量发展。

通过前文对政府引导基金特征的解构，政府引导基金是由政府部门单独出资或与社会资本共同出资设立，体现政府意志，采用市场化运作方式，引导社会各类资本投资于经济社会发展的重点领域和薄弱环节，支持相关产业和领域发展的政策性基金。

前述政府部门包括财政部门与非财政部门。财政部门出资可采取直接或以设立下属企业的方式进行，财政部门出资的政府引导基金符合出资比例要求的按照现行制度称为政府出资产业投资基金。非财政部门包括国资委、科技部、国防科工局等国务院相关部委及各层级政府对应部门，以国有企业或事业单位为主体对政府引导基金进行出资，可以称为国有企业出资产业引导基金。因此，以上两类基金统称为政府引导基金。

四、政府引导基金现状

（一）总体发展情况

截至目前，国内没有政府引导基金的权威统计数据，虽然国家发展改革委 2018 年曾发文要求上报政府引导基金的相关信息，但截至目前国家发展改革委未对外公布过相关信息。2017 年 9 月 21 日，中国信用与认证网发布《关于政府出资产业投资基金信用信息登记情况的公示》，公布了"政府出资产业投资基金信用信息登记情况"，但近年来未再更新公布相关统计数据。

当前市场上引用的政府引导基金数据基本上是由第三方机构提供的，根据清科创业旗下清科研究中心的统计数据，截至 2023 年年末，我国累计设立 2086 只政府引导基金，目标规模约 12.19 万亿元，已认缴规模约 7.13 万亿元。其中，2023 年新设立的政府引导基金有 107 只，已认缴规模为 3118.46 亿元。

政府引导基金统计数据来源于公开信息，包括政府公开信息（母基金、子基金等）、工商登记数据（爱企查、天眼查等第三方数据库）、中国证券投资基金业协会信息公示系统等，统计过程中尽量强调数据本身的可追溯性、客观性、多来源交叉核实等基本原则与方法。纳入统计范围的政府引导基金具有以下特征：

（1）基金类型包括财政出资基金和非财政出资基金，后者如国有企业出资的基金；

（2）基金必须在工商部门登记，对于部分地方政府设立的口号基金或虚拟基金如无具体对应的准确名称不纳入统计；

（3）基金包括母基金、子基金等各类基金，为避免重复统计，部分基金仅统计母基金，原则上不包括穿透至第三层的基金；

（4）基金类型包括公司型、合伙型和事业单位型三类，契约型基金由于无法查询，暂不纳入统计范围，部分公司型基金也同时兼顾基金管理人角色。

90%以上的基金处于运营状态，各类基金的注销或吊销数量均低于10%，从认缴资本规模看，处于开业状态的政府引导基金认缴总规模为6.14万亿元，占认缴总规模的97.15%。

（二）设立时间

2013年以前，我国政府引导基金处于探索发展期，发展相对缓慢，累计成立的政府引导基金为114只，包括此前不是政府引导基金但经后续功能调整成为政府引导基金的，如浙江省科技风险投资有限公司（成立于1993年）、北京中关村创业投资发展有限公司（成立于1998年）等。2014年后政府引导基金进入快速发展期，数量快速增长，尤其是2015—2017年三年发展突出，2020年以来整体上每年新成立的基金数量维持在110只左右，相对稳定。

政府引导基金的成立与宏观经济政策、金融政策以及经济发展形势等因素息息相关，随着政府及社会各界对政府引导基金的认识进一步深化，政府引导基金未来会进入理性发展阶段，迈向新时期。

（三）基金规模

清科研究中心统计数据显示，截至2023年年末，政府引导基金认缴资本总规模为6.51万亿元。按年份分布来看，2016年成立的规模最大，当年突破1.4万亿元，近年来每年维持新增5000亿元左右，相对比较均衡。

从单只基金规模来看，除了2014年相对特殊外，2015年以来平均单只基金的规模维持在 40 亿元左右。2014 年主要成立了两只规模较大的基金，一只是国家集成电路产业投资基金股份有限公司，即集成电路大基金一期，总规模 987 亿元；另一只是中国铁路发展基金股份有限公司，即中国铁路发展基金，总规模 3661 亿元。2020—2022 年三年的平均基金规模基本相当，保持在 37 亿元／只左右，相对于基金数量来讲，单只基金规模有逐步扩大的趋势。

第二节　政府产业基金管理人遴选策略

随着中国经济进入高质量发展的关键阶段，政府引导基金作为一种创新型的财政支持手段，日益成为推动区域经济发展和产业升级的重要工具。设立政府引导基金，通过撬动社会资本，引导资源向关键领域和新兴产业集聚，是助力现代化产业体系建设的有效方式。

近年来，越来越多政府引导基金采用公开遴选方式为其组建的基金寻找合适的基金管理人，管理人公开遴选有效提升了基金的市场化运作效率。以浙江省"4+1"专项基金群为例，通过结构化、流程化基金管理人公开遴选机制，分析遴选策略，研究浙江如何选择产业发展"合伙人"，对政府引导基金行业发展、产业集群建设有重要意义。

推动战略性新兴产业融合集群发展，健全资本市场功能，提高直接融资比重，并强调要推动创新链产业链资金链人才链深度融合。以浙江为例，浙江省作为中国的经济大省，近年来积极推动政府产业基金的发展，特别是"4+1"专项基金群的设立，旨在聚焦"415X"先进制造业集群，通过市场化、专业化的运作模式，培育龙头企业，加速产业集群的高端化、智能化、绿色化、国际化转型。然而，基金的成功运作离不开专业的基金管理人，他们的专业能力和管理水平直接关系到基金的运作效率和投资回报。在此背景下，基金管理人的遴选显得尤为重要。浙江金控投资管理公司作为浙江省金融控股有限公司（统称为"浙江金控"）全资控股的政府产业基金投资管理运作平台，其在基金管理人遴选方面的实践和经验，对于理解和评估政府引导基金的运作模式具有重要的参考价值。

一、过往政府产业基金的管理人遴选实践

近年来，政府基金重要性日益凸显，市场日益关注基金如何通过有效的管理人遴选机制来实现政策目标和经济效益的双重提升，众多政府产业基金在管理人遴选方面具有深入实践和经验积累。

（一）国家中小企业发展基金

国家中小企业发展基金是中国政府设立的专门支持中小企业发展的国家级基金。该基金通过公开招标的方式遴选管理人，确保了遴选过程的公开、公平和透明。在遴选过程中，不仅考虑了管理人的财务实力和投资经验，还重视其对中小企业发展的理解以及能够提供的增值服务（财政部，2020）。

（二）京津冀产业协同发展投资基金

京津冀产业协同发展投资基金旨在促进京津冀地区的产业升级和协同发展。该基金通过公开征集管理人的方式，吸引了多家知名投资机构参与竞标。在遴选过程中，除了对管理人的财务和业绩进行评估，还特别关注其在京津冀地区的投资策略和资源整合能力

（京津冀协同发展领导小组办公室，2018）。

（三）湖北省长江经济带产业引导基金

湖北省长江经济带产业引导基金是为推动长江经济带绿色发展和创新发展而设立的。该基金在遴选管理人时，采用了公开遴选与专家评审相结合的方式。遴选标准不仅包括管理人的投资管理能力，还包括其对长江经济带发展战略的理解和支持。

（四）广东省创新创业投资引导基金

广东省创新创业投资引导基金通过公开遴选的方式，旨在引导社会资本投向创新创业领域。在遴选过程中，该基金特别强调管理人的创新项目发掘能力和对初创企业的支持经验，以确保基金能够有效促进地区创新生态的建设。

这些案例表明，公开遴选基金管理人的方式有助于提高政府产业基金的运作效率和投资回报率，同时也能够较大程度保障基金管理人与政府的产业发展战略保持一致。通过公开遴选或征集，政府产业基金能够吸引更多具有专业能力和市场经验的管理人，从而更好地实现政策目标和经济效益的双重提升。

成功的基金管理人遴选往往依赖于严格的评估标准和持续的绩效监控。公开透明的遴选流程和多元化的评估方法是基金管理人评价体系的核心组成部分。作为政府产业基金，在遴选管理人时，在综合评价管理人的业绩、能力之外，往往还会考虑其投资计划与政府战略的契合度。

二、案例研究：浙江"4+1"专项基金群的组建战略

2022年，浙江首次提出"415X"战略。

"4"是指重点发展新一代信息技术、高端装备、现代消费与健康、绿色石化与新材料等4个万亿级世界级先进产业群。

"15"是指浙江重点培育15个千亿级特色产业集群，具体为数字安防与网络通信、集成电路、智能光伏、高端软件、节能与新能源汽车及零部件、机器人与数控机床、节能环保与新能源装备、智能电气、高端船舶与海工装备、生物医药与医疗器械、现代纺织与服装、现代家具与智能家电、炼油化工、精细化工、高端新材料。

"X"是指重点聚焦"互联网+"、生命健康、新材料三大科创高地等前沿领域，重点培育若干高成长性百亿级"新星"产业群，使之成为特色产业集群后备军。

2023年年初，浙江省经信厅发布《浙江省"415X"先进制造业集群建设行动方案（2023—2027年）》（简称《行动方案》），明确将推出迭代产业基金3.0版，设立新一代信息技术、高端装备、现代消费与健康、绿色石化与新材料等4只产业集群专项基金和1只"专精特新"母基金，即"4+1"专项基金群。因此，"4+1"专项基金群是支持"415X"先进制造业集群培育、服务浙江全省经济高质量发展的重要举措，通过四大产业集群基金培育重大链主型产业项目，通过专精特新母基金支持成长型产业项目，通过科创母基金扶持早期以及未来产业项目，形成全生命周期的基金支持体系。基金群按照"以区域落地产业、以产业设立基金、以基金招投项目"的逻辑，联合核心区、协同区所在地市，差异化聚焦15个千亿级产业集群，因地制宜首批设立13只基金、首批规模达600亿元，全面覆盖浙江11个地市。

浙江金控在组建"4+1"专项基金群的过程中，充分重视将"政府有为"与"市场有效"相结合，发挥"有效市场"在资源配置中的决定性作用，发挥"有为政府"在推进产业发展中的管理和服务作用。

三、政府引导基金管理人遴选理论框架

（一）遴选必要性分析

（1）发挥市场化机构募资能力，吸引社会资本参与基金组建，解决基金募资难的问题。政府引导基金应坚持以市场化原则为引领、以基金组建效率为优先、以吸引优质机构为主要目的。通过公开遴选具备募资能力的投资机构，能够发挥市场化机构的募资能力，吸引社会资本参与投资先进产业集群，解决基金募资难的问题。

（2）采用公开遴选方式，科学合理选择基金管理机构，既体现公平公正原则，又能吸引全国优秀头部机构。引导基金的组建和管理人遴选应遵循公开、公平、公正的原则，规范、公开遴选方式和程序，科学选择投资机构，制定相关的管理办法，从募资能力、投资能力、管理能力、退出能力、完成政策目标能力以及体现一定导向的加分指标等六大维度进行评选。通过公开遴选方式，择优选取资金募集、投资运作、投后管理、产业招引等方面综合能力突出的基金管理机构。

（3）推动基金的市场化、专业化运作兼顾效率优先，对于公开遴选基金管理机构的情况，要求基金管理机构在申报时须取得一定出资比例的出资承诺函，以提高组建效率。同时，可允许基金视需要分期设立，尽快完成基金首轮关闭。基金组建后的投资运作依靠基金管理机构的专业投资判断能力，遵循市场化原则开展项目筛选、尽职调查、入股谈判等工作，以专业化管理实现专项基金的政策目标。

（二）遴选可行性分析

1. 前期准备工作

一是广泛调查研究，全面调研地市、对接国家级大基金和头部市场化机构，广泛征求引导基金设立的意见建议。

二是集中闭门研讨，针对基金组建的重点难点问题，多轮次集中研讨，论证引导基金的架构搭建，初步明确引导基金的政策目标、投资方向、投资要求、投资运作流程等重要内容。

三是分类征求意见，召开出资人座谈会和投资机构座谈会，充分研讨操作方案中的核心要素。

2. 建立引导基金公开遴选保障机制

一是规范遴选流程。成立"引导基金公开遴选委员会"，制定引导基金公开遴选管理办法、专家库管理办法等一系列标准化流程和操作指南，确保遴选过程的规范化和制度化。

二是提高透明度保障机制。保障机制要求遴选过程的各个环节，如公告发布、评审会议、结果公示等，都在全程监督、公开公正的环境下进行。这种透明度不仅有助于社会监督，确保遴选的公开性，还能够吸引更多有实力的管理机构参与，提高遴选的竞争力与可行性。

四、子基金管理人遴选策略

（一）主要原则

（1）公开原则：遴选流程设计公开、遴选机构的征集公开、遴选结果公开，建立公开透明的遴选管理机制。

（2）公平原则：按统一标准进行遴选，公平对待所有申报专项基金的基金管理机构。

（3）科学原则：结合浙江省产业运作实际，科学设计遴选评分体系、组建评委库，提高遴选的科学性。

（4）择优原则：以公开遴选指标体系为准，对申报机构进行分析、比较，选择最优基金管理机构。

（二）遴选流程

（1）前期准备工作：引导基金与地方政府出资主体协商一致，形成具体基金遴选方案及遴选评分体系。遴选方案作为立项方案的组成部分，由引导基金投资决策委员会（投决委）完成立项。遴选评分体系经报集团党委会研究审定。

（2）发布遴选公告：引导基金在政府采购网、财政厅网站、集团官网等平台发布遴选公告。

（3）申报与资格审查：申报机构按照遴选公告规定的方式、期限及要求报送申报材料。引导基金组织对申报材料进行书面审查，确保申报机构符合基本要求。

（4）组织遴选评审会：引导基金向集团提出评审委员会评委需求申请，在纪检监督下从评委库中随机抽选产生评委。集团组织召开遴选评审会，所有评委打分总分数的算术平均分为评审结果。

（5）尽职调查与谈判：对入围机构进行尽职调查，核实申报情况。对与尽调符合的候选机构开展业务合作谈判，达成一致后形成投资建议书。

（6）公示与决策：投资项目经最终审定后在集团官网公示7个工作日。

（三）遴选评分体系设计

公开遴选评分维度包括主观分与客观分指标，主要分为五大类：

募资能力、投资能力、管理能力、退出能力和完成政策目标能力。

一是募资能力。主要考察申报机构的募资能力，确保基金具备足够的运作资本。

二是投资能力。主要考察过往业绩、投资研究能力，确保管理人具有优秀的项目筛选和价值发现能力。

三是管理能力。主要考察申报机构管理团队情况、提出的管理费计提标准及门槛收益率、基金管理制度和机制以及投后管理能力，以提高基金的管理和服务效率。

四是退出能力。主要考察相关产业领域完全退出项目个数、过往在管基金资金回流情况，确保管理人能够有效实现投资回报。

五是完成政策目标能力。主要考察完成政策目标能力、政府产业基金相关管理经验，确保基金投资与地方政府的产业发展目标保持一致，促进地区经济发展。

当前行业在考察基金管理人时普遍注重其历史业绩、投资策略、团队专业性、风险管理、运营合规性、投资者关系、市场声誉、资源网络、创新适应能力以及社会责任等多个维度。这些维度共同构成了一个全面的评估框架，旨在确保基金管理人不仅具备出色的历史业绩和专业能力，还能够在不断变化的市场环境中稳健运作，同时积极履行社会责任。

第三节　政府引导基金的返投

返投条款是政府引导基金协议中特殊条款的重要组成部分。区别于市场化基金，政府引导基金更注重投资基金对经济社会发展的重点领域和薄弱环节发展的支持。返投条款就是政府出资主体为了实现带动特定区域、特定产业发展而设定，要求子基金按照一定的要求将资金投资到本地或者指定地的协议内容，通常包括返投主体、返投金额、返投范围以及返投相关的约束与激励机制。在拟定返投条款时，需要结合政府出资方当地的经济发展状况、营商环境、产业发展需求、税收政策等做出有地区特色、适应产业特点的规定，从而使返投条款切实可行。

一、返投可行性分析

返投的可行性研究的结论未必会直接在返投条款中体现出来，而是设计返投条款具体内容的重要前置工作。若子基金急于获取政府引导基金的投资而忽略对于返投可行性的预先研究，可能在履行返投义务的时候面临许多实际困难，如当地缺少能够满足子基金投资要求的企业，难以寻找合适的投资标的；或者已经投资的企业对当地的相关产业协同链评价较低，到指定地登记注册的发展前景缺乏信心等。

不仅子基金需要关注政府出资主体指定的注册地或投资地是否具有实现返投条款要求的各种条件，政府也需考量指定地区的营商环境能否满足返投主体的要求，应针对当地的产业发展特点调整返投范围，对返投主体完成返投提供适当的政策支持，充实当地的人才储备，广泛吸引优质的子基金项目合作，避免由于返投要求过高而让子基金望而却步。

二、返投主体

对于返投主体的约定，不同主体的视角可能有不同的偏好，如政府出资方可能希望返投主体的范围相对缩小，而子基金一方可能希望扩大认定为返投主体的范围以更容易完成返投的要求。私募基金管理人、私募基金产品、私募基金管理人的关联方等，都可以成为返投主体。

常见的返投主体有：

（1）私募基金管理人及其关联方；

（2）私募基金产品及其关联方；

（3）私募基金普通合伙人及其关联方；

（4）私募基金管理人的其他在管产品。

三、返投范围

返投范围是评价是否完成返投的关键认定标准，也是实现政府引导基金带动区域、产业发展目的的核心要求。返投范围主要限制地域范围，有些地区则对子基金的投资领域也有更为具体的限制。

（一）返投地域范围

子基金返投的企业地域范围一般限制在政府出资方的行政区划内，可以是子基金对已经在行政区内注册的企业进行投资，也可以将子基金已投资但在外地注册的企业迁入当地。

以深圳市龙华区为例，《深圳市龙华区政府投资引导基金管理办法》第十八条第五款规定如下。

子基金投资于在龙华区注册登记的企业和项目资金规模原则上不低于引导基金对子基金出资额的 1.5 倍，以下情形可将子基金投资于龙华区以外的被投企业的投资额计算为子基金投资于龙华区注册登记企业的资金金额（子基金实际投资于深圳市龙华区注册登记企业的金额不得低于引导基金对子基金实缴出资额），具体包括：

（1）在子基金存续期内，龙华区以外的被投企业注册地迁往龙华区或被龙华区注册登记企业收购（限于控股型收购）的情形；

（2）注册在龙华区以外的被投企业通过设立子公司形式将主要生产研发基地落户龙华（子公司资产应不低于子基金对该企业的对应投资金额）的情形；

（3）经龙华区政府认可后，投资于注册地在龙华区对口支援和对口帮扶地区企业的情形；

（4）经协商可纳入返投金额计算的其他情形。

子基金管理机构或其控股股东（公司制）实际出资并管理的其他基金或自有资金，在引导基金出资后，新增的投资发生上述情形的，亦可纳入返投计算范围内。

需要注意的是，近年来政府部门出台的相关规定强调对于返投落地项目本身提出的要求，尤其是实质经营的要求，避免形式主义返投。

（二）返投产业范围

《政府投资基金暂行管理办法》对设立投资基金的领域做出的总体规定，以"支持创新创业""支持中小企业发展""支持产业转型升级和发展""支持基础设施和公共服务领域"为基本要求。各地根据自己的产业发展需要，对子基金的投资领域的规定有所不同，多数地方政府的相关管理办法将重点放在高新技术产业领域，如深圳市龙华区要求："子基金主要投资于政府扶持和鼓励发展的战略性新兴产业和未来产业且应有侧重的专业投资领域，尤其是数字经济产业相关领域。子基金投资于专业投资领域的资金额不低于子基金可投资金总额的 60%。"《政府投资基金暂行管理办法》同样规定，各级财政部门不得在同一行业或领域重复设立基金。由此可见，细化返投条款中有关投资产业范围的要求更有利于实现返投条款的目的。

返投的地域范围和产业范围限制不仅影响返投条款的目的能否达成，也关乎子基金完成返投的难易程度。返投条款需要结合子基金的客观情况把握认定口径的宽严程度，设定具备可行性的返投范围要求。

四、返投金额 / 倍数

政府引导基金要求子基金向当地返投的金额通常是政府出资额的倍数或者子基金实缴出资额的一定比例，如《深圳市龙华区政府投资引导基金管理办法》规定："产业投资子基金投资于在龙华区注册登记的企业和项目资金规模原则上不低于引导基金对子基金出资额的 1.5 倍。"由于地方政府对引导基金在子基金规模的出资比例有所限制，返投的金额在引导基金对子基金出资额的 1.5 倍至 2 倍不等。近期也存在许多政府为了吸引投资，将返投金额降低至 1.5 倍以下，甚至出现了返投比例 1∶1.1 的情形。

五、未依约返投的后果

政府出资方可以分投资期和退出期两个阶段对返投进行监管。在投资期可以要求子基金经过一定时间，就要按照当地政府部门规定或者双方协商约定的方式向出资方报告返投情况。在退出期，政府出资方则可以考察子基金最终完成的返投总数额以及返投效果，对子基金采取相应的惩罚或奖励机制。《政府投资基金暂行管理办法》第二十条规定："财政部门应与其他出资人在投资基金章程中约定，有下述情况之一的，政府出资可无需其他出资人同意，选择提前退出：……（四）基金未按章程约定投资的。"根据该条规定，如未能按照基金合同约定的认定标准完成返投，政府引导基金有权提前退出。这一机制约束子基金必须要遵守基金合同中对于返投的约定，否则政府投资基金提前退出，可以要求子基金对其持有的份额进行回购。

六、返投激励机制

让利政策是最为常见的返投激励机制，当子基金满足让利条件时给予基金管理人或其他投资人奖励，以鼓励子基金完成返投甚至超额返投。设置返投让利条件时，可以参考《广州市政府投资基金管理办法》中"先回本后分利"的原则，将退出子基金的收益按照一定比例作为效益奖励。对于超额完成返投的子基金，可以增加超额收益奖励，将超额返投部分的投资收益部分或全部让渡给管理人和其他投资者。

七、返投豁免的灵活设置

返投豁免也可以视为一种对于子基金的激励机制，如果政府引导基金在子基金获得的收益达到一定较高的比例，政府出资方可以豁免对子基金的返投要求或者降低返投的范围或金额。也存在一些地区政府出资方会将返投条款作为优先适用的规则，即能满足返投要求尽量返投，子基金有合理理由无法返投的，再以其他约定的方式实现合同目的。

政府出资方通过政府引导基金的形式已经撬动了一部分社会资本投入，如果子基金的投资能够收获相当可观的收益，使财政资金发挥了有效的引导作用和放大效应，也可以其他方式实现返投条款所要实现的目的。灵活利用对子基金的返投豁免，有利于子基金充分发挥专业优势，扩大基金投资规划的选择空间，助力政府出资方与子基金实现双赢。

目前政府引导基金的发展趋势呈现返投倍数降低、返投灵活度提高、向区县下沉、向高新技术产业聚集的特点，政府出资方将重点放在通过返投实现对高新技术产业的引进和加快产业转型升级之上，所以在设计返投条款时，一定要围绕这一核心目的，围绕上述要点，让返投条款具备实践意义。

第四节　政府引导基金出资的关注要点

一、关于基金管理人的资格要求

政府引导基金对基金管理人的要求通常包括登记为私募基金管理人、注册地、管理规模、管理团队的项目经验、内控制度健全、诚信要求等等。

实操中，上述要求中比较难的是注册地，也就是引导基金出于税收考虑要求管理人注册在当地。对已登记为私募基金管理人的机构而言，为了满足引导基金的要求，管理人需要新设一个投资类主体向基金业协会申请私募基金管理人登记。按照基金业协会的审核要求，新申请管理人登记除需要满足人员、社保、办公场地、股东出资能力、高管资质、投资团队投资经历等要求外，管理人还需要向基金业协会解释同一实际控制人申请第二家相同类型私募基金管理人的合理原因，如解释不充分或者不合理，基金业协会很可能会不予通过。

因此，对于注册地要求，建议管理人与引导基金协商将基金的普通合伙人设立在当地来代替，这样既满足引导基金的税收要求，又避免花费大量的财力与精力重新申请一家私募基金管理人。

二、关于返投金额的要求

相较于市场化母基金，地方财政出资的引导基金肩负着带动当地产业的转型升级和经济发展的政策目标，通常会对基金有返投要求，比如返投到引导基金所在地的金额需要达到其出资额的多少倍，或者是占基金规模的多大比例。据梳理各地引导基金政策，比较常见的返投要求为引导基金实缴出资额的 1.5 倍或 2 倍。

除了返投总额要求外，有的引导基金还会对返投要求设置阶段性考核标准，即要求基金投资期每年度需要实现的返投金额应当达到返投总额的一定比例，否则引导基金可能会暂停出资、降低管理费率，甚至要求退伙。比如，浙江某区引导基金要求基金在其首期出资后 2 年内实现返投总额的 50%，并在基金投资期届满前实现返投总额的剩余 50%。此外，有些引导基金虽然没有明确的返投要求，但是会限制基金的投资区域，如上海某市级引导基金要求基金的投资区域限于上海、北京等几个城市，同时基金投资于上海的累计金额应当位于各投资区域之首。

三、关于基金的落地要求

出于税收考虑，政府引导基金几乎都会要求基金注册在当地。如果基金尚未设立，且只有一方引导基金有基金落地的诉求时，管理人通常在引导基金当地设立基金即可。但当管理人面临多个引导基金有基金落地诉求或者基金已经在外地设立并备案时，管理人则需要通过设计基金架构以满足引导基金的落地诉求。

四、关于出资比例的要求

出资比例一直是政府引导基金的硬性标准之一，政府引导基金的出资比例通常为基金认缴规模的 20%—30%，并且不能成为第一大出资人。近年来，随着政府引导基金的不断发展与完善，部分政府引导基金对出资比例亦放宽了限制。比如，2020 年新修订的《青岛市新旧动能转换引导基金管理办法》规定，"对主投农业领域的基金，引导基金出资比例不高于50%。现代高效农业、现代海洋产业领域内基金及各类创投基金的省、市、区（市）共同出资比例不高于50%"。

基于上述，管理人在申请政府引导基金时，应当尽可能寻找社会出资人作为第一大出资人，如社会出资人的出资比例不足或者无法作为第一大出资人，管理人需要先就社会出资人与其他LP的出资设立连接基金，再由连接基金作为第一大出资人，与政府引导基金共同设立主基金。

需要注意的是，政府引导基金为了确保其在基金中的出资比例不超过其限制，通常会在合伙协议中约定如果其他有限合伙人因逾期出资被强制退伙或者被缩减认缴出资额，致使引导基金的出资比例超过限制或者引导基金成为第一大出资人的，引导基金有权减少其实缴出资额，直至同时符合其出资比例限制要求及不成为基金的第一大出资人要求。

五、关于出资顺序的要求

政府引导基金具有通过发挥引导功能，撬动社会资本来实现地区产业化升级的目标，为了避免社会出资人出资违约，引导基金常常会被要求晚于社会出资人出资，且需要管理人提供社会出资人的出资凭证后才能出资。如果同一只基金存在国家级、省级、市级、区级等多个层级的引导基金的，通常级别更高的引导基金会靠后出资。

六、关于退出与让利的要求

不少政府引导基金为了体现对于地方产业及经济的带动作用，

在政策中会有个让利机制，即引导基金在出资之日起一定年限（通常为三年或四年）内退出的，管理人、普通合伙人或有限合伙人可以回购引导基金持有的基金份额，回购价格为引导基金的投资本金，超过该年限退出的，回购价格为引导基金的投资本金加计一定的利息。

例如，浙江某市级引导基金要求，引导基金出资后的四年内（含四年），基金对外投资达到实缴出资的80%以上的，基金的其他出资人（包括普通合伙人与其他有限合伙人）购买引导基金持有的基金份额的，转让价格为引导基金投资本金；引导基金出资后的四年以上七年以内，转让价格为引导基金投资本金并加计转让时1年期同期贷款基准利率计算的收益。又如，上海某市级引导基金要求，在基金管理人、普通合伙人不存在违反合伙协议约定的情形时，管理人团队及其指定方可以受让引导基金持有的基金份额，自引导基金出资后四年内转让的，转让价格为引导基金投资本金加计转让时同期存款基准利率计算的收益；超过四年的，转让价格为基金份额的评估价。不难看出，政府引导基金的让利虽然就有不同形式，但其宗旨都在于通过机制实现引导基金快进快出和优进优出。

需要注意的是，政府引导基金的这部分让利的实际享受主体与实现方式。如上所述，有的引导基金规定普通合伙人和有限合伙人均可以行使回购权，有的是仅限于普通合伙人或其指定方可以行使回购权。在实操中，我们通常会建议在合伙协议中约定行使回购权的优先顺序，并约定同一顺序的权利人如何分配回购权。

七、关于违约退出的要求

2019年9月，深圳市引导基金发布《关于公示深圳市政府投资引导基金清理子基金及缩减规模子基金名单的通知》，对具备已过会一年内未签署基金合伙协议、已签署基金合伙协议但一年内未完成工商登记或首期资金未实际到位、完成首期实际出资后一年内未开展投资业务等三种情形的 25 只子基金进行了清理。

事实上，在财政部于 2015 年 11 月发布《政府投资基金暂行管理办法》后，绝大部分政府引导基金几乎都会要求在合伙协议中约定基金发生如下特定情形时其有权提前退出：（一）投资基金方案确认后超过一年，未按规定程序和时间要求完成设立手续的；（二）政府出资拨付投资基金账户一年以上，基金未开展投资业务的；（三）基金投资领域和方向不符合政策目标的；（四）基金未按章程约定投资的；（五）其他不符合章程约定情形的。

据了解，部分政府引导基金在深圳市引导基金公示之前已经建立了动态清理机制，定期对逾期未设立运作的基金进行及时清理。在此，提示管理人在申请了引导基金出资后，应当及时设立基金并开展投资，确保基金合规运作。

八、关于信息披露的要求

根据实操经验，不少政府引导基金除要求基金按照基金业协会的要求定期披露信息外，也会要求基金定期披露其他相关信息。例如，上海某市级引导基金要求管理人安排专人对接引导基金信息系统，确保基金定期上传和更新运营信息，如有违反，引导基金有权暂缓支付管理费，直至基金履行信息披露义务。再如，浙江某市级引导基金要求管理人按季度在引导基金线上管理系统中填写和更新基金所投项目的基本情况，如投资项目的后续估值变化、营业收入、利税情况、就业人数以及高端人才引进信息等。

在此，提示管理人注意政府引导基金对信息披露的特别要求，安排专人负责基金的信息披露工作，一方面按照基金业协会的要求做好信息披露，另一方面按照引导基金的要求及时披露相关信息。

九、关于绩效评价的要求

2020 年 2 月，财政部发布《关于加强政府投资基金管理提高财政出资效益的通知》，明确了财政部门应当对基金实施全过程进行绩效管理，将绩效自评和重点绩效评价结果作为基金存续、计提管理费的重要依据，基金绩效达不到预期效果、投资进度缓慢或资金长期闲置的，财政出资应按照章程（协议）择机退出。

目前，不少地区已出台了政府引导基金的绩效评价的制度。比如，《江苏省政府投资基金管理办法》第四十七条规定，基金管理办公室应当会同省发展改革委员会等部门建立政府投资基金绩效评价和监督检查制度，对基金政策目标实现程度、投资运营情况等组织全过程进行绩效评价和监督检查，并向基金管理委员会报告。具体而言，江苏省政府投资基金建立了"3 个一级指标、11 个二级指标、52 个三级指标"的绩效评价指标体系，在对基金进行日常监管的基础上，对基金年度运行情况进行年度考核、综合考评，并对考评结果进行运用。（一）年度考核结果的运用：年度发现的问题和考核结果应当通报基金管理人和其他出资人，并采取相应措施要求改进提高；年度考核结果低于 60 分的，应当专门约谈基金管理人，会同其他出资人督促基金管理人进行整改，连续两年低于 60 分且未按期整改的，有权退出或终止合作；年度考核结构应当逐年记录存档。（二）综合考评结果的运用：综合考核评价得分作为对基金管理人和其他出资人让利的计算依据，得分达到 60 分的可以享受超额收益让利，得分低于 60 分的不享受让利。

第五节　关于政府引导基金的思考与建议

现阶段，各级政府已经出资成立了数量庞大、规模各异的产业引导基金，这对于促进实体经济发展，解决中小企业融资难的问题，起到了多方面的积极作用。私募股权投资基金本质上是通过发掘中小企业的高回报价值点，以直接融资的方式助力产业发展，以化解间接融资市场和信用债市场成本较高的难题。所谓的高回报价值点主要来源于标的企业本身所具备的高成长特性，或者由产业链重组并购所带来的价值增值。

与通常的招商引资方式相比，政府出资方以合约形式相对固定了与市场主体的合作关系与合作方式，协助被投企业优化所需的中长期政策环境，从而有利于打造一个更稳定的投资环境。但是由于各地区引导基金规模膨胀速度短期过快，由此所带来的问题也很多。

首先是产业基金运作的规范性问题。例如，部分地区的产业引导基金在不同程度上存在财政出资名股实债，结果变相成为基础设施建设基金，政府为社会资本提供隐性收益率担保等问题。在前期金融严监管的宏观形势之下，类似现象已有所改观。

其次是基金运作的效率和水平问题。一方面，对于发达地区或者省级政府所建立的引导基金而言，尽管基金的运作较为规范，高水平基金管理公司的参与踊跃，可投优质产业项目有较大市场空间，但是基金的市场化募资却一方面因监管受到制约，另一方面受经济下行的影响，基金普遍难以从金融市场上筹措到长期性的投资资金，这无疑限制了引导基金对于实体经济的支持效果。显然，要有效缓解此瓶颈问题，需要对私募基金业的融资渠道进行一系列的改革。

更为突出的问题是，对于欠发达地区市县政府所设立的引导基金，普遍存在基金管理公司对本地产业项目不看好，财政资金形成沉淀、对社会资金撬动效应有限的困境。对此，如果规定在一定的期限内，资金投不出去，就关闭引导基金，财政收回预算资金，那么可能导致引导基金盲目投资；如果完全不加以约束，则可能导致各地方政府脱离本地实际情况盲目设立引导基金。

一种观点认为，资金沉淀问题主要是由政府出资的行政审批环节烦琐、产业政策导向限制、本地返投比例要求较高与市场化资本运作之间的矛盾导致的。比如，部分地方政府的投资决策偏保守，对新兴产业的较高风险难以忍受；行政审批程序和决策流程较慢，经常错过有限的投资时机。但是，更加深层的原因可能在于，目前的优质基金管理公司在运作模式上基本都属于天使风险投资基金，业务的模式是寻找高回报率的股权投资项目，在培育期之后通过上市流通套现。这种业务模式本身就极大地限制了基金所可能筛选的项目范围。实际上，大部分地区的中小企业都属于传统的劳动密集型企业，不具备高科技公司的高成长特性；与此同时，国内企业上市的渠道非常狭窄，远不能满足实体经济的需要。

此外，还有一种观点认为，部分地区的引导基金之所以出现资金沉淀，是因为其所依托的基金管理公司经营管理能力有限，由于基金管理公司行业的发展时间较短，高资质的管理公司数量有限，单一公司内部的高素质团队也有限，这限制了许多地区引导基金的运作效率。

综上，引导基金应当容许吸取和总结经验教训，在发展的过程中让优秀的引导基金、优秀的普通合伙人迅速脱颖而出。应针对不同地区政府引导基金所面临的瓶颈问题，相应的政策改革方案需要统筹考虑几方面的因素，既要着手对私募股权投资基金行业进行一定的规范和改革，也要考虑到相关改革措施与宏观政策调控体系之间的衔接，这样才能达到既定的政策目标。

在实操层面，要尽可能寻找合适的普通合伙人（GP），搭建恰当的基金框架，以事前预防为主，事中监管的确比较两难。在产业政策导向、返投比例、收益让渡、管理费收取、目标考核、容错机制等方面，约定尽可能合乎本地经济实际情况的具体条款，逐步拓宽引导基金的投向范围，在产业链整合和债务重组等领域发挥更广泛的功效。

相关政策建议

（一）进一步完善政府引导基金的行业结构和市场机制

为了满足不同产业的不同层次的融资需求，并解决各地区政府引导基金当前所面临的瓶颈问题，应当进一步扩张引导基金的业务范围，不仅要延长投资项目的培育期，而且要从传统的风险投资业务逐渐向大资管业务扩张，从高成长企业的风投业务扩展到龙头企业的供应链重构、产业链的并购重组、地方公共事业项目的债务重组等等。要实现上述目标，首先应创新基金管理的架构，鼓励基金管理公司的市场分层化、专业化发展。在金融机构不发达的地区，引导基金可以采取多个有限合伙人的模式，将具备金融业务优势的外来基金公司和熟悉本地产业的龙头企业同时作为政府出资的后方和项目管理者，发挥二者之间的协同效应，逐步培育偏向本地化发展的基金管理公司，特别是了解欠发达地区市级及以下产业情况的基金管理团队。欠发达区域要完全靠自身力量去寻找比较市场化、比较优秀的基金管理机构，短期内的确较为困难。

变通性的解决办法包括：一是直接纳入上级产业基金的框架，

欠发达区域完全变成上级产业基金的有限合伙人，共用上级产业基金的市场化普通合伙人，对参股基金的当地返投比例及特殊重大项目投资比例做一定要求；二是与上级产业基金的政府引导基金部分的托管机构合资组建基金，由上级政府的资产管理机构来协助寻找洽谈沟通市场化或更优秀的普通合伙人；三是直接交给上级譬如省级的有组建运营产业基金经验的国有资产管理机构来管理。

从行政管理上而言，通常是相邻两级的市县合作，省市合作，也不排除省和部分需要特别对待的县级单位直接合作，譬如某些县级产业园区等。这实际是通过调动更多资源的方式，来扩大欠发达区域的社交圈和合作圈，同时资源更多、信誉更好的上级国有资产管理机构也做了部分的隐性市场担保。

（二）创新政府引导基金的融资机制

为解决中小企业的融资约束问题，需要创新性地改革企业直接融资体系。

首先，为了满足政府引导基金的融资需求，可以允许资质等级较高的引导基金发行中长期标准化债券。这里所谓的资质等级包括多方面的内容，如基金管理公司的资质评级情况，引导基金的股权筹资规模（如规定债券发行规模不能超过股权投资的一定倍数），引导基金的业务性质是否属于国家有关政策鼓励范围，等等。

其次，为了促进引导基金中长期债券市场的发育，融资担保机构需要发挥更大的作用。各省担保机构可以根据本省的政策指向对本省引导基金获准发行的债券进行相应程度的担保，中央层级的担保机构再按照中央政府的政策部署对引导基金债券做进一步的增信，以实现对中小企业间接融资和直接融资市场的广覆盖。对标准化债券的财政增信将对金融资金的产业投向产生一定的指引作用，放大了财政政策的金融影响力，有助于降低相关产业中的中小企业的间接融资成本，形成良性的投贷联动机制。

此外，债券定价所释放的市场信号有助于相关政府部门更好地甄别引导基金的市场定位，定量化地评价财政资金投入的经济绩效，促进政府引导基金的跨地区竞争机制的形成，也为中央决策部门提供及时的产业政策信息反馈，构建投融资体制的良性循环。现实中，存在中小企业私募债券以及所谓"中小企业贷款资产支持证券（SME–ABS）"等金融工具可以提升中小企业的融资能力。但是，由于中小企业资质良莠不齐，市场认可度并不高，证券化产品实际上很难发售。另外，由于缺乏专业金融机构的筛选，政策性融资担保机构很难辨别相关企业及其发售金融产品的资质，故而缺乏实操性。

（三）多维度完善科技成果转换体制

以上已经谈到，各国都将政府引导基金投向的主要领域集中在对科学成果的转化上。但是，研究机构和企业的脱节表现为科技成果转化难、产品应用难，研发机构和企业之间则缺乏协调机制，而即便是科研单位普遍地成立市场化的成果转化机构，也依然无法解决企业难以深度参与研发过程的问题。为了尽可能地提高财政资金的使用效率，有效解决科技财政投入中的科研成果壁垒和低转化率的问题，需要深入整合财政政策、金融政策、产业政策和科技政策，统筹民间资本和政府资源，打造完整通畅的科技成果转化的产业链。近年来，来自影子银行的金融资金通过私募基金的管道开始快速进入科技风险投资的领域，这是市场化手段支持企业研发进入爆发性阶段的基础，企业进行研发的动力增强是由于研发风险被金融市场分担了一部分。资管新规出台之后，市场化资金投入规模迅速萎缩，私募基金的募资日益困难，科技风险投资逐渐被政府引导基金所主宰。也即，影子银行被压缩之后，金融市场支持科技投入的渠道出现了切换，金融资金需要通过体制内的管道来进行"风险担保"。无疑，财政资金主导科技风险投资市场会产生多方面的问题。高层级的行政主管部门直接设立引导基金，会出现风险厌恶的倾向。为了规避风险，基金更倾向于投向大型国有企业。这在某种程度上不利于鼓励全产业链的创新。地方政府所设立的引导基金在具体运营上贴近市场化，但通常又缺乏与科研机构的深度联系，基金的管理公司为了满足地方政府关于赢利和本地返投比例的要求，也难以具备足够的"耐心"。目前，国内金融市场对科研过程的深度融合道路依然是有中国特色的。也即，其是借助国有科研机构自己创办风险投资基金来实现的，而不是通过更有效的科技金融工具的开发。立足于现状，需要通过财政＋企业＋金融资本相结合的基金合伙制，来协调研发机构和下游企业深度协同。企业、金融机构和财政共同分担风险，并可视基础性研发风险的强弱来调整财政投入的比例和风险分担方式。

（四）积极推动容错机制的探索

作为政府出资及引导的基金，要实现市场化的投资，容错机制是一个绕不过去的因素。合肥基金投资容错机制也在突破，根据不同基金类型和投资项目类型，给予不同的容错空间，即允许一定比例的投资失败。但这个容错是有前提的，前期基金管理人必须对投资项目进行充分尽调，在后续履行出资人责任和投资过程中要全力尽职履责，并对项目运行跟踪及时到位。项目仍因客观原因出现风险可以免责。

2024 年 7 月，北京市东城区人民政府发布《东城区政府投资引导基金管理办法》，结合东城区实际情况，制订最新引导基金管理办法。

该管理办法的最大亮点，就是新增了尽职免责的详细情形。对于符合情况的失误，将不予追责，进一步放大包容度。

该区引导基金主要投资于社会资本投入不足，急需政府保持一定引导性投入的领域。以母基金出资设立子基金模式进行运作，对于区政府决定支持的重大项目、重大基金也可采取直接投资的模式进行运作。其目的是充分利用资本市场的平台，对符合核心区特点的金融业、文化产业、数字经济、商业和商务服务业、健康产业等进行涵养、培育，支持重点领域和薄弱环节，并将优势产业做大做强，促进产业、项目、技术和人才向东城区聚集。

该新规的关键点是为了更好地吸引风险投资（VC）和私募投权（PE），发挥财政资金的引导放大作用。东城区结合此前管理办法及当前实际情况，发布引导基金最新管理办法。对照此前政策，本次管理办法最大突破之处在于，新增了尽职免责的具体情形。

相关部门及引导基金管理机构工作人员履行职责过程中，符合以下情形的，依法依规依纪免予责任追究：

（1）法律法规、党纪党规和相关制度未明令禁止，或者虽未明确规定但符合中央决策部署和全市工作要求；

（2）基金投资符合中央和市区对政府投资引导基金的重点支持方向和要求，以及符合国家产业政策、市区重点产业布局规划和产业链发展需要；

（3）经过充分论证和尽职调查评估，并按照实际情况履行投资决策程序，不存在违反相关制度和业务流程的情形；

（4）按照法律法规和行业监管要求，建立了相应的风险管理制度并有效执行；

（5）没有为自己、他人或其他组织谋取不当利益、中饱私囊，没有明知故犯或与其他组织或个人恶意串通损害国家利益、公共利益和他人正当利益；

（6）对探索创新、先行先试中非主观故意造成的损失，积极履职尽责，采取合理方式主动及时止损减损，以消除不良影响或有效阻止危害结果扩大。

换言之，只要是按规合理运营，引导基金将合理容忍正常的投资风险，不将正常投资风险作为追责依据。尽职免责和容错机制，也在一定程度上反映了引导基金的市场化水平，也是一众 VC/PE 募资时关注的问题。

事实上，关于政府基金容错机制的话题讨论已久。根据清科研究中心数据，2023 年，国资背景 LP 是我国募资市场的重要支撑，出资规模占比接近八成。这样的 LP 结构，近几年愈发明显。由于国有资本的特性，长久以来政府引导基金对于错误的容忍度较低，甚至可能会出现"宁可错过，不能投错"的现象，而这天然与风险投资行业的逻辑相背离。

说到底，政府引导基金的主要目的是通过放大财政效益撬动社会资本，促进当地经济发展和产业升级。历史经验证明，每一次成功投资背后，都离不开最初对高风险的容忍。如若"不愿投""不敢投"，显然谈不上实现发展产业的目标。"哪怕不是投资失败，而是项目稍微有点财务记录的瑕疵，国资管理机构都需要承担责任。这导致国资管理机构在做股权投资时，容易出现风险厌恶行为。"全国社会保障基金理事会原副理事长王忠民此前坦言，"我们需要对风险进行包容。"

随着政府引导基金进入 2.0 时代，各地陆续总结此前野蛮生长时期暴露出来的问题，愈发精细化运作，运营机制也正逐步迭代成熟。对于绝大多数国资机构关心的问题——容错机制，开始被摆到台面上。苏州天使母基金规定，在运营管理中，如果出现未能实现预期目标或偏差失误的情况，对符合苏州天使母基金管理办法规定的情形，可免责或从轻、减轻定责，从而吸引更多 VC/PE 团队来到苏州。事实上，武汉、西安、合肥、扬州、南通等地方产业基金也纷纷探索建立容错机制。正如这次北京东城区，许多地方开始更新引导基金管理办法，给予一定的风险容忍度。

（五）搭建宏观政策协调的新机制

完善政府引导基金的行业规范涉及宏观、中观和微观三大层面。

第一，在中央层面，需要建立行之有效的政策协调平台，明确各相关行政主管部门的职能分工，确定政策落实的牵头部门和单位，研究和实施政府引导基金的监管政策，确保党和国家的政策部署落实，对各项政策的落地及时评价、如实反馈。

第二，要求在省级层面，积极推进并出台本地区的政府引导基金的行业细则。省级政府的基金管理机构要承担起对本省基金进行规范管理的职能，而不能仅仅负责省本级的基金管理工作。

第三，在私募股权投资基金的行业自律管理规定的基础上，进一步制订政府引导基金相关的行业自律规范。更为关键的是，要以政府引导基金的规范发展为抓手，增强各项促进资金进实体的宏观政策之间的衔接性，尽快完善财政政策、金融政策、产业政策和科技政策的统筹协调机制。

在现实中，各项产业政策与财政政策之间以及不同的财政政策之间的统筹协调，长期以来一直是决策部门所面临的难题。例如，基于产业政策的要求所安排的各种财政补助资金的绩效问题；兼顾产业发展的地区差异和调动地方财政的积极性问题；科技投入在市场和各级政府之间的矛盾问题等。因此，不仅需要在行政层面搭建高效的沟通平台，而且需要通过一个直接的、可观测的市场化信号，来检验财政资金的投入绩效，进而成为科技政策、产业政策的制定与调整依据。

　　总体而言，为了构建"全方位、多层次金融支持服务体系"，用好政府引导基金等政策性金融工具、促进资金进实体，是关键的一项工作，要统筹安排各项相关宏观政策，协调各方职能和相关利益。这里既包括在宏观层面建立行之有效的政策协调平台，确定政策落实的牵头部门，也包括为引导基金的发展推出创新的金融工具和交易机制，还包括通过细化政府引导基金的行业规范、配套细则和落地要求等。只有这样，方能逐步积极稳妥地实现财政资金通过政府引导基金为实体经济赋能的政策目标。

第十章

并购上市公司：国有资本投资公司的壮大之路

第一节　国资并购上市公司现状与动机分析

国资收购上市公司指国资通过二级市场交易、协议转让，或者间接收购等方式取得上市公司控制权的行为。

目前，部分民营上市公司大股东股权质押率居高不下，而在国资监管从"管资产"到"管资本"转变的背景下，国资正面临着提高资产证券化率等要求，通过收购上市公司打通进入资本市场的通道，已成为国资提高资产证券化率的重要途径。但国资与民营上市公司之间由于体制机制、业务模式之间的差异，在收购中也遭遇"搁浅"、收购后业绩低于预期等问题。尽管如此，近年来，国资在收购市场上的表现仍然十分活跃，显然收购上市公司利大于弊。

一、国资并购上市公司的现状

（一）国资成为收购上市公司的主力军

股权质押融资具有市场流动性好、处置灵活方便等特征，因此受到我国民营上市公司的青睐。但受"金融去杠杆"政策，以及新冠疫情、经济下行的影响，部分高股权质押率的民营上市公司面临极大的爆仓风险。大股东质押率居高不下，债务危机频发，亟待纾困。而随着国资监管从"管资产"到"管资本"运作思路的转变，国有企业面临提高资产证券化率、优化国资布局的任务，同时在地方政府招商引资等综合因素下，国有资本成为收购上市公司的主力军。2018—2021年，国资收购民营上市公司数量（以股权交割时间划分）分别为21家、40家、49家、41家，占全市场同期控制权变动的上市公司数量的比例分别为20.19%、24.24%、21.03%和18.47%。

（二）国资收购由"扫货"转向"精准并购"

在经历了前几年收购上市公司的"扫货"阶段后，国资启动了"董事派驻""管理层团队更换""融资担保""对接资源"等程序，初步控制上市公司，实现收购目的。但同时"入股后上市公司出现风险事件""大额注资后业务无起色""收购完成却没有进一步整合动作"等现象也时有发生。因此，近年来，国资越来越注重"精准并购"，不仅对上市公司的风险防范越来越重视，而且更重视产业协同，通过产业协同为地方经济发展赋能。例如，顺威股份是国内空调风叶龙头企业，广州经开区国资通过司法拍卖、协议转让、二级市场增持等方式入驻，可促使其与广东本土的格力、美的等企业实现业务协同。

二、国资收购上市公司的动机分析

国资频繁收购上市公司大多出于以下多方面的考虑。

（一）部分地方对国有资产证券化率的要求

近年来，随着国企改革的深入和国家对国有资产证券化率的重视，地方政府积极推动市属国企实现整体上市或控股上市公司。这不仅可以提高国有资产的流动性和市场价值，还有助于推动国企的转型升级和现代企业制度的建立。在地方政策的推动下，国资收购上市公司的热情高涨，成为实现国有资产证券化率目标的重要途径。国企受地域、自身业务发展模式等因素影响，通过孵化培育上市的期限较长，进入资本市场的通道受限，而以收购方式进入资本市场，一能发挥上市公司的融资优势，快速盘活国资存量资产，优化资本结构，提高国有资产的证券化水平；二能充分发挥国有与民营融合发展的机制优势，在产业发展、市场资源、金融支持及业务协同等方面形成全方位互动，通过集约化经营，实现规模经济、范围经济，进一步通过管理协同、财务协同等，提升资本回报率。

（二）对当地上市公司的纾困诉求

上市公司在地方经济发展中具有重要地位，它能够稳定地方经济、促进当地就业、引领地方细分行业发展。当上市公司特别是实控人陷入危机或面临财务困难时，地方国资会考虑对主业仍具有较好发展前景或较高赢利水平的本地上市公司开展纾困型并购。这种并购方式不仅能够拯救陷入困境的上市公司，还能促进地方经济的稳定发展。伴随着上市公司高股权质押率、流动性危机以及随之而来的股权爆仓风险、区域性金融风险等，国资作为地区经济稳定发展的压舱石，肩负着落实政府纾困政策、维护资本市场稳定的重要使命和责任。在落实国家发展战略、政府意志与政策导向的同时，通过收购暂时出现流动性危机、具有长期股权投资价值的上市公司，一方面，发挥国有资本的资信优势和增信优势，为上市公司引入新的资金来源，化解企业流动性危机，确保上市公司的正常经营，维护资本市场的稳定运行；另一方面，通过收购可将上市公司相关产业引入本地，从而带动地方产业集聚和经济发展。

（三）招商引资、产业整合的诉求

上市公司往往在某些细分产业领域拥有较高的链主地位，通过国资控股上市公司，可以引导上市公司的优质资产与上下游企业在当地落地，优化当地的产业结构与产业链。此外，国资还可以通过并购将上市公司注册地迁址至当地，进一步推动当地经济的发展和产业升级。

（四）增加国资融资手段

国资体系内并入优质实体化企业后，可以通过上市公司的平台进行直接融资，如定向增发、可转债等方式。这不仅可以降低国资的融资难度和融资成本，还能提高融资效率。同时，上市公司平台也为国资提供了更多的融资选择，有助于国资更好地利用资本市场进行资本运作和资源整合。

（五）为已投项目寻求退出路径

国资在配合地方招商引资或地方建设的过程中，会投资或持有多个项目。然而，这些项目往往面临流动性较差的困境。通过将持有的优质资产注入上市公司，国资可以实现已投项目的变现与流动性，为项目的退出提供有效的路径。

（六）提高国资的运营效率

相对于纯国资企业，上市公司在监管范围内将更加市场化，具有相对灵活的激励机制与决策机制。国资通过并购上市公司，可以借鉴其先进的管理经验和市场化运作方式，提高国资的运营效率。同时，上市公司平台也为国资提供了更多的人才吸引和保留机会，有助于国资留住高端人才。

第二节　国资入股上市公司的原则与方式

上市公司是产业运作、重组整合的有力工具。国资通过并购上市公司不仅打通了证券市场这条关键融资渠道，而且将上市公司并购后，形成可持续的经营性现金流，从而极大改善国资已有的融资能力、偿债能力。尤为重要的是，通过杠杆作用，并购上市公司可以打造产业运作与整合平台，逐步将旗下优质资产注入上市公司，推动国资的资产证券化工作，还可以聚焦本地的产业需求对产业进行投资、并购、整合，引导产业向本地聚集。显然，并购上市公司可以改变国资的融资能力，改变国资的经营模式与业务结构，对于推动国资市场化转型、打造产业—资本互动、城市—产业互动的商业模式具有根本作用，也会对地方经济产生更大的战略价值。

从国资并购上市公司的角度来说，其所需要的资金量并不是太大，可以产生"花小钱办大事"的效果。据统计，截至 2024 年年底，中国股市中小市值的上市公司占了很大的比例，其中，1270 家市值不足 30 亿元，而市值不足 50 亿元的上市公司多达 2503 家，占上市公司总数的 48.79%。一般情况下，市值的 20% 左右的资金量即可以让国资机构获得上市公司实控权。由此可见，控股一家上市公司所需资金量并不大。因此，并购上市公司不仅实力雄厚的省级、地市级国资可以操作，区县级国资也可以操作。但只有充裕的资本是不行的，想要成功收购并整合一家上市公司，对国资来说压力是巨大的。在实践中，要注意以下五个方面。

1. 清晰的战略

国资不能觉得上市公司便宜就去收购，必须想清楚收购上市公司的主要目的是什么。所以，对于上市公司并购来说，国资的战略就显得尤为重要。国资要做好自己的中长期战略规划，明确自身的发展目标、要求及主营业务，要在战略中落实出资人的各项战略部署。然后根据公司的战略目标及要求制订资本战略及业务重组整合战略，这样才会在收购的目标、收购的方式、收购后的整合模式及后续运作等有统一、系统的顶层设计，推动横向并购、纵向整合，推动本地的产业聚集与发展，真正实现并购的战略价值。

2. 严格的尽调

一般来说，上市公司的大股东不会轻易出让控股权。因此，被并购的上市公司一般是出现了巨大的经营困难、流动性危机、法律纠纷、市场危机等，有些上市公司还是 ST 及 *ST，甚至面临退市风险。因此，国资能够并购的上市公司不会是非常优质的。在这种情况下，国资要特别注意做好尽调工作，要全方位掌握上市公司的行业状况、竞争格局、公司的经营管理水平、重大的财务及法律问题、队伍结构等，通过聘请第三方机构与自身研究结合的方式判断上市公司的质地，合理评估收购价格及方式。

3. 科学的融资模式

一般来说，国资收购上市公司采取现金收购方式的居多，这对国资的资金、现金流都会造成一定压力。因此，必须科学地设计融资模式，合理筹措资金。一般来说，国资的收购资金主要来源于债券融资和股权融资两种，以债券融资居多。所以，国资要与金融机构、合作伙伴建立密切的联系，合理安排并购融资的资金。例如，济宁国资并购恒润重工就采取了债券融资模式。2021 年 3 月 9 日，山东济宁国资控股（600649）集团 2021 年度第一期中期票据募集说明书披露，本期中票拟发行金额 21 亿元，期限 7 年，发行人主体长期信用级别及债项等级均为 AA+。本次债务融资工具募集资金将用于权益投资，投资标的为江阴市恒润重工股份有限公司。这是典型的发债并购的案例。

4. 有效的业务协同

国资绝不能将并购上市公司仅仅看作资本运作，还应该看作产业运作的战略方式。因此，在选择并购上市公司目标的时候要考虑上市公司的业务及发展与本地产业、本地经济的协同性，通过并购上市公司扶持本地产业的发展、迅速提高本地产业的竞争力是必然的诉求。例如，2024 年 7 月 5 日，奥特佳（002239.SZ）迎来国资股东入主。奥特佳发布公告，长江一号产投以 21 亿元的对价，正式成为本公司的控股股东，长江一号产投的母公司长江产业集团成为公司的实控人。公开资料显示，长江产业集团隶属于湖北省国资委，目前，长江产业集团实管实控奥特佳、万润科技、广济药业、双环科技 4 家主板上市公司。作为一家江苏的上市公司，奥特佳是国内最大的汽车空调压缩机和热管理系统及零部件供应商，公司空调箱系统及部件出货量排名全球第一，创下液冷储能与重卡换电市场占有率、液冷产品出货量等多个国内第一。奥特佳表示，本次并购旨在充分利用产业集团在投资管理、产业规划等方面的优势，为企业发展赋能，提高公司的经营及管理效率，促进公司稳定发展，增强公司的赢利能力和抗风险能力。

5. 专业的并购重组能力

上市公司的并购面临着较多的法律风险、政策风险、市场风险、交易风险以及后续的整合风险，涉及环节多、周期长，因此必须有强大的专业并购重组能力。对国资来说，要优先引入产业运作、并购、财务等方面的专业人才，并建立完善规范的并购流程及制度体系，确保并购的顺利进行。同时，一定要组建上市公司的整合团队，对并购后的公司治理、业务发展、组织管理、人力资源、市场营销等方面进行强有力的整合，并制订计划逐步改善上市公司治理状况，在短时间内推动上市公司改善经营状况，化解经营风险，推动上市公司与国资的融合。

国资入主上市公司，主要通过股权划拨、协议转让、定向增发等8种方式进行。

1. 股权划拨

股权划拨是国有资产重组中的一种特殊交易形式，具有较强的行政色彩，由于是国有单位内部交易，整个过程几乎没有阻力，收购成本也接近于零。在现实中，股权划拨是出于地方行政管理体制改革、国企改革等因素，以及化解国资债务风险，提高融资能力的考虑。例如，2022年3月7日，广州市国资委将所持珠江钢琴（002678）4.52%股份无偿划转给广州国资。而在此之前，广州市国资委已将所持广州酒家（603043）51%股权无偿划转至广州国资（实控人仍为广州市国资委），其目的是降低国资的负债率，提升公司的融资能力。

2. 协议转让

协议转让是双方协议达成一致，并在中国结算进行非交易过户的形式。协议转让的目的是加快转让进程（转让的股份数量不低于上市公司总股本的5%），同时避免二级市场价格波动带来的不确定性。协议转让也是投资并购中最常见的方式之一。

例如，2019年9月1日，润达医疗（603108）控股股东向杭州市下城国投（现因区划调整变更为"拱墅国投"）协议转让其持有的合计116,000,000股（占公司总股本的20.02%）公司股份。本次交易后，下城国投拥有27%的公司股东大会表决权，成为公司的控股股东。

公告称，协议转让股权是为了降低股票质押比例。也就是说，这是一次地方国资以收购方式纾困上市公司的行为。为了降低收购方风险，双方进行业绩对赌，转让方承诺上市公司未来三年赢利合计不低于 10.5 亿元，赔偿款对协议转让价款的覆盖率约为 70%（已对赌成功）。

3. 协议转让 + 表决权委托

协议转让 + 表决权委托是在协议转让的基础上，附加表决权委托的条件。在实际操作中，当单纯协议转让的股份并不能实现控制权的转移时，通过表决权委托扩大收购人可支配的表决权比例，以实现对上市公司的控制。

例如，2022 年 12 月 12 日，中达安（300635）发布公告，公司控股股东吴君晔及其一致行动人李涛拟通过协议转让的方式向历控帝森（大股东为济南历城控股集团）转让无限售条件流通股共计 14,031,261 股公司股份，占公司总股本的 10.29%。同时，吴君晔将其所持公司剩余 12,778,864 股股份的表决权不可撤销地委托予历控帝森行使。

在上述案例中，通过协议转让 + 表决权委托的安排，历城控股集团拿到了公司 19.66% 股份的表决权，取得了公司实际控制权。通过并购，一方面，有历城控股的国有背景加持，上市公司的订单获取能力与赢利能力得以进一步提升，国资在这个过程中也实现了国有资本的保值增值；另一方面，历城控股作为国资平台，与中达安的工程管理、数字化新基建业务高度协同，双方能够在业务上相互赋能。

4. 协议转让 + 表决权放弃

协议转让 + 表决权放弃是在协议转让的基础上，附加表决权放弃的条件，当单纯协议转让的股份并不能实现控制权的转移时，还需上市公司的股份转让人在一段确定或不确定的较长时间内，放弃手中股份对应的表决权。这种方式适用于上市公司股东由于质押、在限售期等原因股权转让受限，国资因转让人放弃表决权，实现控制权事实上的受让。

例如，2023 年 2 月 7 日，汇金科技（300561）控股股东、实际控制人陈喆女士、股东马铮先生、陈喆女士的一致行动人瑞信投资将其合计持有公司 65,621,595 股股份（占协议签署日公司总股本的 20%）分两次协议转让给淄博国投。同日，陈喆女士和马铮先生签署《关于不可撤销地放弃表决权的承诺函》，承诺不可撤销地放弃其持有的公司剩余全部股份对应的表决权。

对汇金科技来说，在市场环境较为有利时，较高的流动资金水平有助于公司抢占市场先机，避免因资金短缺而失去发展机会；而淄博国投成为公司控股股东后，将有利于进一步提升公司的行业地位及竞争力，增强公司的赢利能力和抗风险能力。

5. 定向增发

定向增发是指非公开发行即向特定投资者（机构）发行新股，认购上市公司定向增发的股份亦是收购人增强、巩固控制权的常用手段。

例如，2017 年，江苏常州经开区通过招商引资，引进星源材质（300568），在常州成立子公司常州星源。2019 年，由于上市公司产能不足，需要在全国范围选址超级涂覆工厂项目，近水楼台的常州经开区抓住了机会，除了给予企业常规的土地、税收优惠之外，还利用平台公司常州东方，通过参与电池隔膜定向增发的方式，向项目注资 1.77 亿元（获配 791.24 万股，定增发行价格 22.37 元 / 股）用于超级涂覆工厂项目建设，最终项目顺利落地。

如今，回头看这笔交易，一方面，园区通过产业基金撬动了一个符合当地产业导向的大项目；另一方面，通过定增将资金投向上市公司，园区在资本市场实现了丰厚的回报。公开报道显示，限售解禁日（2020年7月25日）当天，这笔投资的账面收益率已经高达52%。再加上项目给园区带来的就业、税收等长远经济效益——这笔买卖大赚无疑。

6. 协议转让＋定向增发

协议转让＋定向增发是在协议转让的基础上，附加定向增发的条件，主要是当单纯协议转让的股份并不能实现控制权的转移时，需要国资依据约定受让未来上市公司发行的一定数量股份，才能获取上市公司控制权。此种方式适用于原控股股东持有股份比例较低，股权较为分散，或上市公司需要资金补充时。

例如，2021年11月26日，齐鲁财金（济南市属产投公司）通过协议转让方式受让常熟市铝箔厂有限责任公司所持常铝股份（002160）71,602,378股股份（占上市公司总股本的9.00%），同时常熟铝箔厂将所持常铝股份84,290,619股股份（占上市公司总股本的10.59%）所对应的表决权在《表决权委托协议》约定的委托期限内独家、无条件且不可撤销地委托给齐鲁财金行使。在此基础上，为巩固上市公司控制权，齐鲁财金认购上市公司非公开发行的A股股票237,199,191股，至此，齐鲁财金在常铝股份拥有权益的股份已超过上市公司已发行股份的30%。

7. 间接股权转让

上市公司间接收购是指收购方在形式上没有直接成为目标公司的股东，但通过投资关系、协议、其他安排导致其拥有权益达到或者超过上市公司已发行股份的5%未超过30%的收购。相较于直接股权协议转让，间接股权转让的优势在于不影响上市公司的治理结构，且收购过程具有隐蔽性，操作更加灵活。

8. 远期转让

上市公司大股东大多存在限售，一次性无法交易足够的股权。因此，一些收购方在第一次交易的时候便对未来股权的交易安排做出约定，以保障未来控制权的稳定。

第三节　国资并购上市公司的流程

一、确定并购标的

并购上市公司标的筛选是一个既系统又复杂的过程，它要求并购方在深思熟虑后做出明智的决策，以确保并购战略的成功实施和预期价值的实现。

1. 行业前景的深入洞察

在选择并购标的时，并购方首先需要深入了解目标公司所处的行业。这包括分析行业的增长潜力、竞争格局、政策环境以及未来发展趋势。通过深入研究，并购方可以选择那些具有长期增长潜力和市场空间的行业，为自身的战略发展奠定坚实基础。

2. 公司实力的综合评估

评估目标公司的实力是并购过程中不可或缺的一环。并购方需要关注目标公司的经营能力、技术实力、管理团队素质等多个方面。通过了解目标公司的历史业绩、市场地位、研发投入以及管理层的经验和背景，并购方可以判断其是否具备持续发展的能力和潜力。

3. 财务状况的细致审查

并购方在筛选并购标的时，必须对目标公司的财务状况进行细致审查。这包括分析目标公司的财务报表，了解其赢利能力、偿债能力、运营效率以及现金流状况。通过财务审查，并购方可以判断目标公司是否存在财务风险，以及并购后是否会对自身财务状况产生不利影响。

4. 市场地位的全面考量

市场地位是评估目标公司价值的重要因素之一。并购方需要了解目标公司在市场中的知名度、市场份额、客户基础以及品牌影响力等方面的情况。选择具有市场领导地位或具有较大市场潜力的公司，有助于并购方在并购后迅速提升市场竞争力。

5. 协同效应的深入分析

并购的核心目的之一是实现双方的协同效应。因此，在筛选并购标的时，并购方需要深入分析并购后双方能否在资源、技术、市场等方面产生协同效应。通过协同效应的分析，并购方可以选择那些与自身战略和业务高度契合的目标公司，以实现并购后的价值最大化。

6. 风险评估的细致考虑

并购过程中存在各种潜在风险，如法律风险、经营风险、财务风险等。在筛选并购标的时，并购方需要对目标公司进行全面的风险评估。通过了解目标公司的法律纠纷、经营历史、财务状况等方面的情况，并购方可以预测并购后可能面临的风险，并制订相应的应对策略。

7. 政策支持的考量

国家政策对并购活动具有重要影响。在筛选并购标的时，并购方需要关注国家政策对目标行业和目标公司的支持程度。了解政策环境有助于并购方预测并购后的市场前景和政策风险，为并购决策提供参考依据。

8. 估值合理性的评估

对目标公司进行估值是并购过程中的重要环节。并购方需要采用合理的估值方法，对目标公司的价值进行准确评估。通过估值分析，并购方可以判断目标公司的价值与自身战略和财务状况是否匹配，以及是否存在过度支付或低估目标公司价值的情况。

9. 并购时机的把握

选择合适的并购时机对于并购的成功至关重要。并购方需要关注目标公司的经营状况、市场走势以及行业变化等因素，预测并购的合适时机。通过对目标公司的持续关注和信息积累，并购方可以抓住有利时机，降低并购成本和风险。

二、国资审批

（一）审批权限

根据《上市公司国有股权监督管理办法》（又称"36号令"）第五十三条的规定，国有股东受让上市公司股份行为主要包括国有股东通过证券交易系统增持、协议受让、间接受让、要约收购上市公司股份和认购上市公司发行股票等。根据36号令第五十四条的规定，针对国有股东受让上市公司股份，除属于36号令第七条规定的情形（即国有股东通过证券交易系统增持、协议受让、认购上市公司发行股票等未导致上市公司控股权转移的事项）应由国家出资企业审核批准外，其他情形应由国有资产监督管理机构审核批准。因此，对于国有企业收购上市公司控制权的行为，应由国有资产监督管理机构审核批准。

根据36号令第二条的规定，上市公司国有股权变动指上市公司国有股权持股主体、数量或比例等发生变化，包括国有股东通过证券交易系统增持、协议受让、间接受让、要约收购上市公司股份和认购上市公司发行股票等。国有企业收购上市公司控制权，属于上市公司国有股权变动的情形之一。根据 36 号令第六条的规定，上市公司国有股权变动的监督管理由省级以上国有资产监督管理机构负责；省级国有资产监督管理机构报经省级人民政府同意，可以将地市级以下有关上市公司国有股权变动的监督管理交由地市级国有资产监督管理机构负责。因此，对于地市属国有企业收购上市公司控制权的情形，在省级国有资产监督管理机构报经省级人民政府同意的情况下，可由地市级国有资产监督管理机构审核批准。例如，山东省国资委、山东省财政厅、山东证监局经山东省人民政府同意于 2018 年 12 月 17 日向山东省内各市国资监管机构下发《关于下放我省市级以下上市公司国有股权变动监督管理权限的通知》，将"市级以下上市公司国有股权变动的监督管理交由各市国资监管机构负责，各市国资监管机构对本市上市公司国有股权变动的有关事项进行审核批准"。

（二）申请文件

36 号令第五十五条对国有资产监督管理机构批准国有股东受让上市公司股份时应当审核的文件进行了列举，具体包括："（一）国有股东受让上市公司股份的内部决策文件；（二）国有股东受让上市公司股份方案，内容包括但不限于：国有股东及上市公司的基本情况、主要财务数据、价格上限及确定依据、数量及受让时限等；（三）可行性研究报告；（四）股份转让协议（适用于协议受让的）、产权转让或增资扩股协议（适用于间接受让的）；（五）财务顾问出具的尽职调查报告和上市公司估值报告（适用于取得控股权的）；（六）律师事务所出具的法律意见书；（七）国家出资企业、国有资产监督管理机构认为必要的其他文件。"

在实践中，各省、市国有资产监督管理机构可能会对 36 号令所列上述申请文件做进一步的细化规定。例如，根据《广东省省属企业投资监督管理办法（试行）》第十条的规定，可行性研究报告的内容应包含项目基本情况、项目背景、行业分析、项目赢利能力及核心竞争力、投融资方案、资金使用计划、实施进度计划、经济效益分析、社会效益分析、风险分析及防控措施、中止、终止或退出机制等；此外，还要求报送战略协同报告（内容包含与省属企业的功能定位、发展战略匹配程度、投资后的管理方式和资源整合计划等）、风险评估报告等材料。

此外，在国有股东通过间接受让的方式取得民营上市公司控制权的情况下，还需要根据《企业国有资产评估管理暂行办法》的规定对收购的非国有单位的资产进行资产评估。部分国家出资企业的内部管理制度亦可能要求涉及股权或者资产收购的项目在上报决策审批前进行资产评估。

（三）审批流程

如上所述，国有企业收购上市公司控制权应由国有资产监督管理机构审核批准。国有企业在报国有资产监督管理机构审核批准前，须履行必要的内部决策程序。例如，根据《广东省省属企业投资监督管理办法（试行）》的规定，对于由广东省国资委审核批准的国有股东受让上市公司股份行为，应当经"省属企业董事会审议通过后"，向广东省国资委报送申请材料。

在实践中，关于国家出资企业内部决策程序的规定见于各国家出资企业制定的投资管理办法及其实施细则。上文引述的《广东省省属企业投资监督管理办法（试行）》亦要求省属企业制定省属企业投资行为的决策和执行等管理制度，省属企业应依照相关法律法规及省属企业投资管理制度履行投资决策程序，投资管理制度经董事会或企业必要决策程序审议通过后报送省国资委。

一般而言，国家出资企业的董事会是国家出资企业投资行为的决策机构。总经理办公会负责在董事会授权范围内履行投资管理职责，例如，决定投资额在一定限额以下的投资项目、拟定需提交董事会决策的投资事项等。对于重大投资事项，应由党委会进行前置讨论研究，提出意见建议，再按程序提交董事会或总经理办公会决策。国家出资企业收购上市公司控制权的审批流程通常可能包括如下环节：国家出资企业相关职能部门（包括各职能部门、投资评审委员会等）对项目材料进行初审、预研究和评审后，提交国家出资企业党委会前置研究，然后提交总经理办公会、董事会决策，最后报国有资产监督管理机构审核。国有资产监督管理机构可根据工作需要聘请财务、评估、法律、证券、行业等方面的专家或中介机构，对投资项目进行研究论证。

（四）审核关注点

根据在项目中的观察，一般而言，国有资产监督管理机构在审核国有企业收购上市公司项目时主要关注以下方面。

（1）国有资产保值增值：是否聚焦主业、符合主业发展方向，项目是否落入国有资产监督管理机构发布的禁止类或特别监管类投资项目负面清单的范围；项目是否具有投资价值与战略价值，是否已考察项目周边环境、商业模式、竞争优劣势、技术趋势、经济效益、估值合理性，是否已考虑战略匹配性、战略价值、宏观环境、业务发展定位、行业政策及发展现状，收购定价和价款支付安排是否合理，是否有利于保障国有资产保值增值、防止国有资产流失。

（2）合规性：项目的决策程序是否合法合规，目标公司的财务、业务、劳动人事、安全生产、环境保护等方面是否合法合规。

（3）国有权益保护：有无落实对目标公司各项合规性风险的防范措施，交易文件的条款设计是否能够充分、有效地保护国资利益。

三、收购定价及价款支付

（一）定价

通常理解，国有企业收购上市公司非国有股的定价并无明确的国资监管规则，符合证券交易所关于流通股协议转让价格下限的相关规定即可，即转让价格不得低于转让协议签署日前一交易日收盘价的80%（科创板、创业板）、90%（主板）或95%（主板风险警示股票）。但须注意的是，在转让价格高于前述价格下限的情形下，如溢价幅度较高，除可能被证券交易所反馈问询外，国资监管部门亦将关注交易定价的公允性及合理性。因此，国有企业在其提交给国资监管部门审核的交易方案中，对"价格上限及确定依据"等相关内容可能须做出更为充分的解释和说明。值得一提的是，相较于国有企业收购上市公司非国有股的情形，上市公司国有股的转让须符合36号令的相关规定。例如，对于国有股东公开征集转让所持上市公司股份的，转让价格不得低于下列两者之中的较高者：（一）提示性公告日前30个交易日的每日加权平均价格的算术平均值；（二）最近一个会计年度上市公司经审计的每股净资产值。

在实践中，出于尽早锁定交易价格、获取独家交易机会、便利推进后续工作等多方面的考虑，交易各方可能就上市公司控制权交易签署意向性或框架性协议（以下统称"意向协议"）。意向协议的签署涉及如下几个方面的问题。

第一，信息披露。根据《中华人民共和国证券法》《上市公司信息披露管理办法》《上海证券交易所股票上市规则》《深圳证券交易所股票上市规则》等相关规定，持股 5% 以上的股东或者实际控制人持有股份或者控制公司的情况发生较大变化属于可能对上市公司股票交易价格产生较大影响的"重大事件"，上市公司应当在有关各方就该重大事件签署意向书或者协议（无论是否附加条件或者期限）时（或相关规则规定的其他在先时点），及时履行信息披露义务。上市公司控股股东、实际控制人及其一致行动人应当及时、准确地告知上市公司是否存在拟发生的股权转让、资产重组或者其他重大事件，并配合上市公司做好信息披露工作，不得仅以相关事项结果尚不确定为由不予披露。尽管《上海证券交易所科创板股票上市规则》及《深圳证券交易所创业板股票上市规则》规定科创板、创业板上市公司筹划的重大事项如存在较大不确定性，立即披露可能会损害上市公司利益或者误导投资者，且有关内幕信息知情人已书面承诺保密的，可以暂不披露，但就上市公司控制权交易而言，从谨慎的角度出发，无论意向协议是否全部或部分不具有约束力，相关方在签署意向协议后即面临及时通知上市公司以进行信息披露的义务。

第二，定价。根据证券交易所的相关规定，上市公司流通股协议转让应当以协议签署日的前一交易日转让股份二级市场收盘价为定价基准，转让价格范围下限一般比照大宗交易的规定执行。对于通过流通股协议转让方式取得上市公司控制权的交易，如交易相关方签署的意向协议中并未明确约定转让价格、转让股份数量等实质性条款，且在意向协议签署后及时履行了信息披露义务，则相关交易信息可能推动上市公司股价上涨，导致正式股份转让协议签署时作为定价基准的二级市场收盘价高于收购方的预期，从而提高交易价格及成本，增加交易完成的不确定性。

第三，保密。国有企业收购上市公司往往涉及国有企业及其上级主管单位内部多个部门、不同层级之间的反复沟通、汇报，以及国有企业与国有资产监督管理机构之间的预沟通等多个环节，内幕信息知情人范围较广，保密工作的挑战及要求相对更高。根据上市公司信息披露的相关要求，内幕信息一旦出现泄露，即使未达到依法应当披露的时点，上市公司仍应及时披露。因此，在意向协议签署及披露前的筹划、沟通阶段，国有企业应注意强化保密措施，避免因信息提前泄露而对后续控制权交易造成不利影响。

基于上述，交易各方应根据项目的实际情况合理安排意向协议的签署时点及其内容，并严格做好保密工作，在遵守信息披露规则的同时尽可能减少因签署意向协议及前期沟通对交易定价的影响。

（二）价款支付安排

相对于就国有股东以非公开协议或公开征集的转让方式转让其所持上市公司股份，应在股份转让协议签订后 5 个工作日内收取不低于转让价款 30% 的保证金，其余价款应在股份过户前全部结清等要求，国有股东受让上市公司非国有股，在价款支付节奏方面并无明确的国资监管规则。因此，国有企业收购上市公司非国有股的价款支付具体安排通常取决于交易各方之间的商业谈判。

四、其他关注事项

（一）收购完成后的资产注入

在实践中，部分国有企业在收购上市公司的交易完成后，通过上市公司发行股份购买资产的方式，将国有企业的其他资产注入上市公司，实现优质资源整合或整体上市，进一步巩固其对上市公司的控制权，提升上市公司的赢利能力。

例如，长沙水业于 2019 年 8 月通过协议转让及表决权委托的方式收购惠博普（002554）的控制权，并随后于 2021 年 1 月通过认购惠博普非公开发行股票的方式巩固其控制权。2023 年 5 月，惠博普发布公告，拟通过发行股份及支付现金的方式，购买长沙水业及长江生态环保所持排水公司 100% 的股权，以实现惠博普对长沙市内污水处理厂优质资源整合，提升惠博普的资产质量和赢利能力。

又如，中联重科（000157）于 2022 年 2 月通过协议转让及表决权放弃的方式收购路畅科技（002813）的控制权，并随后于 2022 年 5 月通过部分要约收购的方式巩固其控制权。2023 年 2 月，路畅科技发布公告，拟向包括中联重科在内的中联高机全体股东发行股份购买其所持中联高机 100% 的股权。中联高机将置入路畅科技，路畅科技的收入规模和整体赢利能力将得到大幅提升，其主营业务预计将变更为高空作业机械业务。

上述控制权交易完成后的资产注入，往往涉及上市公司重大资产重组交易，不在本书讨论的范围之内。仅在此提请注意，根据 36 号令的相关规定，国有股东与上市公司进行重大资产重组，应在上市公司董事会审议重大资产重组方案前，报国家出资企业、国有资产监督管理机构预审核；重大资产重组方案经上市公司董事会审议通过后，应在上市公司股东大会召开前，报国家出资企业或国有资产监督管理机构审核批准。

（二）国企责任追究

《国务院办公厅关于建立国有企业违规经营投资责任追究制度的意见》提出，对违反规定、未履行或未正确履行职责造成国有资产损失以及其他严重不良后果的国有企业经营管理有关人员，实行重大决策终身责任追究制度。在投资并购方面，责任追究的范围包括：投资并购未按规定开展尽职调查，或尽职调查未进行风险分析等，存在重大疏漏；财务审计、资产评估或估值违反相关规定，或投资并购过程中授意、指使中介机构或有关单位出具虚假报告；未按规定履行决策和审批程序，决策未充分考虑重大风险因素，未制订风险防范预案；违规以各种形式为其他合资合作方提供垫资，或通过高溢价并购等手段向关联方输送利益；投资合同、协议及标的企业公司章程中国有权益保护条款缺失，对标的企业管理失控；投资参股后未行使股东权利，发生重大变化未及时采取止损措施；违反合同约定提前支付并购价款等。

除国务院办公厅的上述规定外，部分省市的国有资产监督管理部门亦结合本省市的实际情况，制订了相应的违规经营投资责任追究实施办法。例如，广东省国资委于 2019 年 6 月 10 日印发《广东省省属企业违规经营投资责任追究实施办法（试行）》，进一步明确了广东省省属企业违规经营投资责任追究的范围、标准、责任认定、追究处理、职责和工作程序等内容。

国有企业收购上市公司的交易，往往相对复杂且涉及金额较高，国有企业有关人员须注意依法依规正确履行职责，避免因不当履行职责造成国有资产损失等严重不良后果。

第四节　关于并购上市公司的风险

一、财务与公司治理相关风险

（一）融资风险及债务压力

并购上市公司时面临的资金压力和风险确实是一个重要问题，

特别是在贷款期限与目标公司营收不匹配，导致"短贷长投"和短期内较大利息压力的情况下。以下是对这些风险和压力的详细分析以及应对策略。

1. 资金压力和风险分析

（1）资金体量大：并购上市公司通常需要巨大的资金量，这对企业的财务状况提出了严峻的挑战。

（2）融资风险：在融资过程中，企业可能面临多种风险，如利率风险、汇率风险、政策风险等。此外，过度依赖债务融资可能导致企业偿债压力增大，进而影响其正常经营活动。

（3）"短贷长投"问题：如果贷款期限较短，而目标公司的营收周期较长，可能导致"短贷长投"现象。这意味着企业需要在短期内支付高额的利息和本金，而目标公司的营收可能无法及时覆盖这些支出，从而给企业带来较大的资金压力。

2. 应对策略

（1）多元化融资：企业可以通过多元化融资方式来降低资金压力和风险。例如，可以考虑发行股票、债券等直接融资方式，以及利用银行贷款、租赁等间接融资方式。这样可以分散融资风险，降低对单一融资渠道的依赖。

（2）合理规划贷款期限：在融资过程中，企业应充分考虑目标公司的营收周期和赢利能力，合理规划贷款期限。如果可能的话，可以争取更长的贷款期限，以减轻短期内的偿债压力。

（3）加强财务管理：企业应加强财务管理，提高资金使用效率。通过优化资产结构、降低成本、提高赢利能力等措施，增强企业的偿债能力，降低融资风险。

（4）建立风险预警机制：企业应建立风险预警机制，对融资过程中的各种风险进行实时监控和预警。一旦发现潜在风险，应及时采取措施进行应对，避免风险进一步扩大。

（5）寻求专业机构支持：在并购和融资过程中，企业可以寻求专业机构如投资银行、会计师事务所等的支持。这些机构具有丰富的经验和专业知识，可以帮助企业更好地应对各种风险和挑战。

并购上市公司时面临的资金压力和风险需要企业采取多种措施进行应对。通过多元化融资、合理规划贷款期限、加强财务管理、建立风险预警机制和寻求专业机构支持等方式，可以降低资金压力和风险，确保并购活动的顺利进行。

（二）资产减值和担保代偿风险

（1）估值风险。并购目标公司支付的交易对价过高，可能形成加大规模的商誉，如目标公司经营业绩未达预期，集团可能要计提商誉减值，进而侵蚀集团利润。

（2）拆借款减值风险。如目标公司经营出现临时性周转困难，作为其控股股东可能会提供流动性支持，有偿或无偿向其拆借资金，一旦目标公司难以摆脱经营困境，无法归还之前的拆借款，控股股东对该类拆借款可能需要计提减值准备。

（3）担保代偿风险。如控股股东为目标公司债务提供担保，目标公司出现经营恶化，将面临担保代偿风险。

（4）利润下降风险。并购目标公司后，由于所处行业景气度下降、上下游产业链影响等，出现持续亏损，将直接导致控股股东利润下滑。

（三）表决权变动风险

目前，并购上市公司大多采用"协议受让＋表决权委托方式"。在并购上市公司时，特别是在采用"协议受让＋表决权委托"

的方式时，表决权变动风险确实是一个需要特别关注的风险点。虽然表决权委托协议通常会说明该委托是不可撤销的，但相关法律规定，委托合同中委托人可以随时解除委托关系。这种并购方式虽然可以在一定程度上降低收购成本，但也可能带来一系列的法律和治理风险。

首先，委托人在某些情况下仍然有权利解除委托关系，这就意味着，即使签署了看似稳固的表决权委托协议，上市公司仍然可能面临表决权突然变动、控制权不稳定的风险。

其次，表决权变动可能给上市公司的治理结构和战略实施带来不确定性。如果委托人在并购后突然解除委托关系，可能会导致上市公司的重大决策受到影响，甚至可能引发公司内部或外部的纠纷和诉讼。

为了降低这种风险，上市公司在采用"协议受让 + 表决权委托"的方式时，可以采取以下措施。

（1）在协议中明确委托的期限和条件，以及解除委托的具体条件和程序，确保协议的法律效力。

（2）加强对委托人的调查和评估，了解其信誉和履约能力，选择信誉良好、履约能力强的委托人进行合作。

（3）在并购前充分评估目标公司的价值和风险，制订完善的并购计划和风险应对策略。

（4）在并购后加强公司治理和内部控制，确保公司的决策和执行过程符合法律法规和公司章程的规定。

总之，表决权变动风险是并购上市公司时需要特别关注的风险点之一。上市公司需要采取一系列措施来降低这种风险，确保并购活动的顺利进行和公司的稳定发展。

二、并购后的"爆雷"风险

国有企业与上市公司信息不对称。即使是上市公司，财务信息造假的情况也屡见不鲜。从现有案例看，民企上市公司控股权转让大多由于大股东资金链紧张而不得已转让控制权，这类民企上市公司存在资金占用、违规担保、财务造假等违规行为的风险相对较高，部分国资在收购前对上市公司及大股东的风险未能有效识别，从而出现收购完成后爆出财务造假和巨额亏损的情况。

例如，2020 年，珠海九洲控股并购日海智能，可就在当年，日海智能业绩"大变脸"，净利润为 -5.47 亿元。2021 年，日海智能年度报告被年审机构出具了非标意见，股价也跌入深渊。2024 年 1 月 3 日晚间，日海智能披露公告称，因存在商誉减值金额核算错误、子公司股权处置收益核算错误等违法事实，导致 2018 年至 2021 年连续四年的年度报告存在虚假记载，违反了相关法律法规，日海智能和时任董事长、总经理等共 7 名相关责任人均被处罚，合计罚款金额达 910 万元。

又如，2020 年 7 月，新余市投资控股集团有限公司通过协议转让方式以 16.21 元 / 股的价格收购上市公司奇信股份 67,477,500 股股份，占上市公司总股本的 29.99%，成为奇信公司控股股东。收购前的 2019 年，奇信股份营收 39.98 亿元，归母净利润 1.042 亿元。收购后的 2020 年，公司营收下降到 20.73 亿元，赢利直接由正转负，亏损 5.1 亿元。2021 年营收 14.53 亿元，亏损 17.39 亿元；2022 年营收 15.39 亿元，亏损 4.13 亿元。收购完成即营收腰斩，当年即亏损；第二年更是亏损金额超过了营收。据监管部门调查，奇信股份上市前后 8 年，共计虚增利润总额约 26.3 亿元。2020 年下半年，国资接手后，虽然进行了业务赋能、提供了大量借款，但是仍然立即爆雷。根据爆雷的时间看，被收购时，企业业务与财务已出现了根本性的问题。

在上述案例中，国有企业收购上市公司完成不足两年，上市公司便爆出巨额亏损、业绩造假、信息披露违规，地方国资在收购前是否对上市公司风险情况进行了全面了解和把握存疑。

三、并购后的整合风险

对企业进行整合是并购成功的关键，国资并购民企更是从根本上改变了企业的性质。整合的过程通常会使企业的管理体制、经营方式、企业文化等发生改变。国资与民企在管理体制和决策机制上各有其天然特质。国企重视规范管理、稳中求进，而民企则更重视市场机遇、强调效率优先，这一客观现状决定了国资与民企在决策效率与灵活参与市场竞争、快速抢占市场机遇等方面存在一定矛盾。

出于国资监管要求，上市公司的重大事项需事前沟通、层层上报，沟通程序复杂而且耗时较长。国资收购完成后，大部分上市公司仍以原经营团队为主，这对于从市场竞争环境中成长起来的民企经营者而言，需要适应长流程的决策周期和相对较低的决策效率，在一定程度上制约了上市公司参与市场竞争的灵活性与及时性。

四、并购后的经营风险

并购后的经营风险是一个复杂而重要的问题，尤其在国资与上市公司并购案例中，产业协同不足、缺乏整体产业规划以及资源与专业能力的限制等问题尤为突出。以下是对这些经营风险的具体分析以及应对策略。

（一）经营风险分析

（1）产业协同不足：部分国资在选择投资标的时，往往缺乏整体的产业规划，导致并购后国资产业与上市公司原有主业难以形成有效的融合与协同。这种协同不足不仅影响了并购后的整体效益，还可能对上市公司的长期发展产生不利影响。

（2）缺乏整体产业规划：一些国资在并购前未对目标公司进行深入的研究和规划，缺乏明确的、可落地的上市公司提升计划。这导致并购后无法有效地整合资源，实现预期的目标。

（3）资源和专业能力的限制：部分国资在收购中小民营企业后，由于自身资源有限，同时缺乏专业化人才，导致难以采取有效的措施来推动上市公司的发展。即使有主观意愿，但由于缺乏足够的资源和专业能力，也难以实现有效的产业协同。

（二）应对策略

（1）加强产业规划：国资在并购前应对目标公司进行深入的产业研究，明确并购的目的和意义，并制订详细的产业规划。这有助于确保并购后的产业协同和资源整合。

（2）提升专业能力：国资应积极引进和培养专业化人才，提升自身的专业能力和管理水平。这有助于更好地理解和运营上市公司，实现有效的产业协同。

（3）加强资源整合：国资应充分利用自身的资源和优势，积极与上市公司进行资源整合。通过共享资源、优化流程等方式，提升整体效益和竞争力。

（4）建立有效的沟通机制：国资与上市公司之间应建立有效的沟通机制，加强信息交流和合作。这有助于及时发现和解决问题，推动并购后的整合和发展。

（5）制订明确的提升计划：国资在并购后应制订明确的上市公司提升计划，包括战略定位、业务发展、人才培养等方面。这有助于确保并购后的持续发展和长期效益。

总之，并购后的经营风险需要国资和上市公司共同努力来应对。通过加强产业规划、提升专业能力、加强资源整合、建立有效的沟通机制和制订明确的提升计划等措施，可以降低经营风险并实现并购后的持续发展。

第五节　国资并购上市公司有关情况的经验与建议

一、与中介机构的协作

在国资并购上市公司的过程中，与券商等中介机构的协同至关重要。这些中介机构凭借自身的专业、人才和讯息优势及金融操作技巧，在并购的各个阶段都能提供重要的支持和帮助。以下是国资与券商等中介机构协同的几个方面。

（1）尽职调查阶段：券商等中介机构会进行详细的尽职调查，对目标公司的财务状况、法律状况、业务运营等进行全面评估。国资公司可以充分利用中介机构的专业知识和经验，确保尽职调查的准确性和完整性，为后续的并购决策提供有力支持。

（2）融资安排：券商等中介机构可以协助国资公司进行融资安排，如发行债券、新股等，以满足并购的资金需求。中介机构在资本市场上的丰富经验和资源，可以为国资公司提供多元化的融资渠道和成本优化方案。

（3）谈判与协议签署：在并购谈判和协议签署阶段，券商等中介机构可以协助国资公司进行策略制订和条款谈判，确保并购交易的顺利进行。中介机构的专业知识和经验，可以帮助国资公司更好地把握谈判节奏和策略，降低并购风险。

（4）监管审批与整合：券商等中介机构可以协助国资公司完成监管审批程序，并提供整合建议。中介机构在并购领域的丰富经验和资源，可以帮助国资公司更好地应对监管挑战，实现并购后的顺利整合。

为了与券商等中介机构实现有效协同，国资公司可以采取以下措施。

（1）建立良好的沟通机制：与券商等中介机构保持密切联系，定期召开会议，及时沟通并购进展和存在的问题，共同商讨解决方案。

（2）明确职责分工：明确券商等中介机构在并购过程中的职责和任务，确保各方能够充分发挥自身优势，形成合力。

（3）建立信任关系：通过合作和沟通，建立与券商等中介机构的信任关系，确保各方能够坦诚相待，共同推动并购交易的顺利进行。

（4）充分利用中介机构的专业知识和经验：在并购过程中，充分利用券商等中介机构的专业知识和经验，借鉴其成功案例和经验教训，提高并购的成功率和效率。

总之，与券商等中介机构的协同是国资并购上市公司过程中不可或缺的一部分。通过建立良好的沟通机制、明确职责分工、建立信任关系以及充分利用中介机构的专业知识和经验，可以实现双方的互利共赢，推动并购交易的顺利进行。

二、标的遴选要求

（一）市值规模

结合集团自身并购需求及资金情况，参考既往地方国资企业并购上市公司案例来看，较多国资选择并购的上市公司（以下简称"目标公司"）市值规模在 50 亿元以内。

（二）市盈率

在选择目标公司时，应横向比较，类比同行业上市公司市盈率，尤其是行业龙头。市盈率的高低反映一个企业的估值水平，如标的上市公司的市盈率明显高于同行业，则在并购后，上市公司的市值上涨空间不高，甚至存在股价大幅下降的风险。所以，应优选目前市盈率较低、处于价值洼地的标的上市公司。

（三）产业关联度

结合各地国资并购上市公司案例，目前国资并购上市公司战略通常分为横向并购、纵向并购和混合并购。以横向并购和混合并购为主。

（1）横向并购。即同类企业为扩大规模而进行的并购。并购双方的产品及产品生产与销售有相同或相似之处。主要特点是消除竞争对手，扩大市场份额；产生规模经济效益；发挥经营管理协同效应。

（2）纵向并购。即生产过程或经营环节相互衔接、密切联系的企业之间，或者具有纵向协作关系的上、下游企业之间的并购。双方具有产业上的协同关系，有利于并购后相互整合。主要特点是使各环节密切配合，优势互补；形成产业链竞争。

（3）混合并购。即分属不同产业领域，无产业链上的关联关系，产品也完全不相同的企业间的并购。目标公司与并购企业既不是同一行业，又没有纵向关系。主要特点是寻求主业以外的产业利润；通过多元化领域的投资，分散行业风险。

（四）股权结构

需要关注：标的上市公司前十大股东持股情况；前十大股东的股权质押情况、前十大股东关联关系、前十大股东股份限售情况、员工股权激励计划、业绩承诺补偿等实施情况。

（五）财务状况

（1）资产负债表：资产端主要关注资产质量；负债端主要关注偿债压力。

（2）利润表：主要关注公司目前经营情况及未来赢利预期。

（3）现金流量表：主要关注公司的经营性现金流，判断公司的资金压力、缺口及风险敞口。

（六）迁址需求

上市公司迁址往往涉及地方政府的就业、税收、政绩等问题。因此，地方政府可能会对上市公司的迁址进行一定的限制或施加压力。例如，地方政府可能会通过税收优惠、政策扶持等方式吸引上市公司留在当地，或者对迁出的上市公司设置一定的障碍。上市公司迁址可能会对股东和投资者的利益产生影响。例如，迁址可能导致公司运营成本增加、市场份额下降等风险，进而影响公司的赢利能力和股价表现。因此，股东和投资者可能会对上市公司的迁址决策持谨慎态度。

三、工作建议

国资并购上市公司是一个涉及多方利益、复杂且高风险的战略行为，需要国资公司在决策和实施过程中细致入微、全面考虑。以下是对上述要点进行扩写的详细内容。

（1）战略匹配性。在进行并购之前，国资公司应清晰定义其长期发展战略，并评估目标公司是否与其战略相契合。这种契合不仅体现在业务层面，还包括市场定位、企业文化、管理理念等多个方面。只有当两者高度匹配时，并购才能为双方带来长远的利益。

（2）融资与支付。国资公司应根据并购规模和自身财务状况，制订合理的融资和支付计划。融资方式可以包括发行股份、债券、银行贷款等，支付方式可以包括现金、股份、资产置换等。在融资和支付过程中，国资公司应关注资金成本、流动性风险等问题，确保并购资金的充足性和稳定性。

（3）合规性。国资并购上市公司必须遵守国家法律法规和相关政策规定。在并购过程中，国资公司应关注反垄断、反不正当竞争等法律法规的适用情况，避免因违法违规行为导致并购失败或受到处罚。同时，还应关注目标公司所在地的法律法规和监管要求，确保并购过程的合法性和合规性。

（4）整合与协同。并购完成后，国资公司应加强对目标公司的整合和管理。整合过程包括人员、业务、财务等多个方面。国资公司应制订详细的整合计划，明确整合目标、步骤和时间表，并加强与目标公司的沟通协作，确保整合过程的顺利进行。同时，还应关注整合过程中的协同效应，通过资源共享、优势互补等方式提高整体效益和竞争力。

（5）合理控制支持限度。对处于困境的目标公司，综合考虑提供担保、资金拆借、股权投资等各种支持手段的利弊，通过设定限额方式，避免持续对目标公司进行输血和无限支持。

（6）风险管理。国资并购上市公司面临的风险多种多样，包括财务风险、市场风险、法律风险等。为了降低这些风险，国资公司应建立完善的风险管理体系，对并购过程中可能出现的风险进行识别和评估，并制订相应的应对策略。同时，还应加强内部控制和风险管理培训，提高员工的风险意识和应对能力。

图书在版编目（CIP）数据

从资产到资本：国有资本投资运营公司的全局思考 / 骆玲著 . —北京：东方出版社，2025.3. —ISBN 978-7-5207-4408-9

Ⅰ. F832.39

中国国家版本馆 CIP 数据核字第 2025UD5094 号

从资产到资本：国有资本投资运营公司的全局思考
（CONG ZICHAN DAO ZIBEN:GUOYOU ZIBEN TOUZI YUNYING GONGSI DE QUANJU SIKAO）

作　　者	：	骆　玲
责任编辑	：	吴晓月
责任审校	：	金学勇
出　　版	：	东方出版社
发　　行	：	人民东方出版传媒有限公司
地　　址	：	北京市东城区朝阳门内大街 166 号
邮　　编	：	100010
印　　刷	：	嘉业印刷（天津）有限公司
版　　次	：	2025 年 3 月第 1 版
印　　次	：	2025 年 3 月第 1 次印刷
开　　本	：	660 毫米 ×960 毫米　1/16
印　　张	：	18
字　　数	：	218 千字
书　　号	：	ISBN 978-7-5207-4408-9
定　　价	：	72.00 元

发行电话：（010）85924663　85924644　85924641
